DE L'OMBRE À LA LUMIÈRE :
COMMENT LE YOGA TRANSFORMA MA VIE

Laurent ERMELLINI

De l'ombre à la lumière :
Comment le yoga transforma ma vie

Éditions Mélibée

Éditions Mélibée, 2013
18 place Roguet – 31300 Toulouse

Confiez-nous votre talent :
info@editions-melibee.com – www.editions-melibee.com

C'est quoi une vie d'homme,
c'est le combat entre l'ombre et la lumière.

Aimé Césaire

À Philippe…

Chapitre I
0 – 27 ans

I.1

Mes premiers souvenirs d'enfance remontent à la classe maternelle. Je me rappelle la cour de récréation entourée de barrières vertes à l'est et au sud, des bâtiments de classes au nord et à l'ouest. Dans cet espace de liberté, de vieux pneus de voitures que nous avions l'habitude de faire rouler d'un bout à l'autre. Nous organisions des courses-poursuites qui nous permettaient de nous défouler. Je me rappelle aussi de l'un de mes camarades qui tout au long de ma scolarité deviendra mon bourreau. Petit gars aux cheveux épais qui lui tombent devant la figure, Thierry Baldoni était Le garçon dégourdi du groupe. Taquin et espiègle, il était celui qui avait déjà le verbe facile et était capable de vous faire passer pour un moins que rien. Cet art qu'il cultiva tôt, il le peaufina, chaque année un peu plus et fut cette personne, que l'on connaît tous à un moment ou à un autre, qui vous pourrit la vie en vous mettant dans des situations où vous avez toutes les chances de passer pour un débile. Plus tard, au collège, il avait été capable de me piquer les filles dont j'étais amoureux et de me ridiculiser dès qu'il en avait l'occasion. Grâce à lui, j'expérimentais dès mes premières années, la souffrance.

Autre souvenir, Madame Praidale.

Mon institutrice de la dernière année de maternelle. Grande femme, la plupart du temps moulée dans un pantalon trop serré, montée sur des talons hauts qui la rendait immense à mes yeux d'enfant. Une grande tignasse d'un roux/brun étrange car artificiel s'élevait au-dessus de sa tête et ses yeux larges, toujours trop maquillés finissaient de rendre ce personnage inoubliable. Douce et enveloppante, elle m'aida à accepter l'idée de devoir aller à la grande école et de franchir un cap traumatisant pour moi car j'étais timide et plutôt renfermé.

L'année suivante, mon caractère commençait à s'affirmer. J'étais râleur et colérique, signe d'un manque d'outils pour communiquer mes frustrations et mes peurs et aussi d'un manque de confiance en moi.

Cela se manifestait souvent à la maison par quelques cris, une respiration qui devenait forte à la manière d'une locomotive à vapeur, puis une course effrénée vers ma chambre et un claquement de porte final !

Mes parents, au début de mes démonstrations, s'étaient inquiétés puis à force avaient tourné mon cinéma en dérision en se moquant ouvertement de mon état ce cela avait le don de m'énerver encore plus, jusqu'au jour où je compris la stupidité de ce comportement (car il n'avait plus aucun effet sur mon entourage proche) et cela disparut.

Durant cette période, je connus une bagarre (affrontement physique entre deux abrutis qui essaient d'affirmer leurs hormones naissantes et balbutiantes). La seule et unique de ma vie. Et devinez avec qui. Thierry Baldoni. Encore lui. Il ne vit rien venir. Cela faisait maintenant quelques années qu'il me persécutait sournoisement. Un après-midi après l'école, au jardin d'enfants de la place Saint Roch, la réflexion de trop et je lui saute sur le râble pour enfin pouvoir lui casser la figure. Roulé-boulé dans l'herbe, gestes confus et désorganisés, respirations fortes et bruyantes, et les insultes qui finissent d'égayer la scène. On nous sépare rapidement. Ce fut ma seule expérience de violence physique.

Je compris très vite que cette méthode n'était pas utile et que la violence ne résout rien. Mon arme principale pour désamorcer les conflits était le sourire. À chaque fois que je me trouvais dans une situation potentiellement dangereuse, que ce soit pour mon intégrité physique (lors des tentatives de racket ou autres provocations) ou pour ma paix intérieure (timide, les rapports humains surtout avec la gente féminine étaient toujours très difficiles) j'offrais un large sourire voire j'éclatais de rire quand le stress était trop fort. Et cela marchait. Je n'ai jamais été victime de violences et j'ai toujours eu l'image d'un garçon sympa, rieur et agréable.

Ahimsa : la non-violence. Concept majeur dans la philosophie du yoga que je comprendrais beaucoup plus tard, mais que j'expérimentais déjà.

Durant cette période d'école primaire, mon grand-père paternel mourut. Francis, cet homme que je connaissais peu, nous quitta brutalement. Il mit fin à ses jours en sautant par le balcon de son appartement du port. Il souffrait de ses blessures ramenées de la guerre d'Indochine à un point que la vie n'était plus supportable !

On ne m'expliqua rien. Je ne sus que beaucoup plus tard, à l'âge adulte, qu'il s'était suicidé. Mes parents maquillèrent la vérité longtemps, certainement pour me protéger. Quand j'appris la vérité, je la reçus comme une trahison. On m'avait menti toutes ces années.

Je sus alors que le mensonge était à bannir et qu'une vérité qui fait mal est plus juste qu'un mensonge qui adoucit. La notion de vérité dans notre société est difficile à comprendre car tout est maquillé, tout est modifié, tout est adouci pour nous rendre les choses plus faciles.

Satya : la vérité. Être vrai et juste envers soi-même et envers les autres. Autre concept yoguique tellement important pour que nos vies soient plus belles que j'approfondirai plus tard dans ma vie.

Ma première approche de la spiritualité s'est faite par le catéchisme. Ma mère, catholique non pratiquante, décida que ce serait bien que je voie par moi-même si la religion pouvait m'accompagner. Mais l'expérience fut de courte durée. Avant la fin de la première année, je décidai d'arrêter et ma mère respecta mon choix. Je ne ressentais pas ce dont on me parlait. Je n'étais pas vraiment à l'écoute, je crois, et le discours tenu, l'ambiance proposée ne trouvaient aucune résonance en moi. J'avais d'autres aspirations en tête à cette époque et le foot faisait plus partie de mes activités favorites.

Cette période de l'école primaire me montra que je n'étais pas ce que l'on peut appeler un bon élève. Plutôt moyen, mon arrivée au collège allait confirmer mes aptitudes scolaires.

I.2

La souffrance. Je ressentais un décalage. J'avais peu d'amis et je n'étais pas « populaire ». Je n'étais pas le plus marrant, ni le plus fun, ni le plus sexy, je n'étais rien de plus qu'un garçon normal sans grand intérêt pour les autres. J'appris très vite que les personnes autour de moi adoraient parler d'elles mais n'aimaient pas entendre parler de moi. L'écoute, fut une qualité que j'ai développée tôt, et le fait de comprendre que les gens n'aiment parler que d'eux-mêmes, me renferma quelque peu, à partir de là, personne ne sut vraiment ce qui se passait en moi.

Je commençais à développer un goût pour diverses activités extrascolaires.

Ma première passion fut l'astronomie. Ce fut la première fois où je m'intéressais à un sujet qui allait faire de moi un spécialiste compétent. J'avais choisi d'étudier la voûte céleste et je pense maintenant que ce fut mon premier appel vers la spiritualité. En effet étudier les astres, l'infiniment grand, dénotait chez moi l'envie de comprendre, l'envie de savoir, l'envie d'explorer ce qui nous dépasse. Car bien que l'astronomie soit une science, elle est expérimentale et tout au long des années, de nouvelles découvertes sont faites, de grandes théories remises en cause. Il y a une grande part d'incertitude dans ces études, une grande part d'inconnu, une grande part de croyance. Donc tout naturellement, je voulus devenir astronome !

Premier frein quand je compris quelles études il fallait faire.

– Gardons-le comme passion – pensais-je, ce sera très bien !

Et puis diverses passions se succédèrent tout au long de ces années, la musique (j'appris la guitare avec mon prof d'anglais de quatrième), la lecture (je dévorais tous les livres que l'on nous demandait de lire à l'école plus un tas de livres pour approfondir la connaissance autour de mes divers centres d'intérêts), l'écriture (je commençais à prendre goût à l'écriture et à inventer quelques histoires de science-fiction avec le but d'écrire un premier livre !), et le sport, principalement le foot que je pratiquais en club, mais aussi tous les autres car j'aimais l'effort physique, le défoulement que cela procurait, bien que je compris plus tard que cela me permettait, pour un temps, de ne plus avoir la force de penser à mes soucis d'adolescent.

Durant toute cette période, j'avais une santé fragile. Pas de grosses pathologies mais toujours le nez bouché et une angine récurrente qui me suivait une grande partie de l'automne et tout l'hiver. Plus jeune, les médecins avaient eu la charmante inspiration de m'ôter les végétations. Partie importante du système de filtrage des voies aériennes et barrière de sécurité indispensable. J'étais maintenant un peu plus fragile avec l'ablation d'une partie de moi-même. Je déteste quand certains docteurs se croient au-dessus de la nature. L'être humain est une machine parfaite. Et par la folie de certains nous jouons avec l'équilibre de la nature. Sous couvert de progrès scientifiques depuis quelques siècles, nous jouons aux apprentis sorciers et le plus grand laboratoire du monde, la planète terre, sert à quelques hommes s'enrichissant sur le dos de l'ignorance collective. Alors oui il y a eu des belles choses mises au point mais à quel prix et pour quels résultats, chacun posera sa propre réflexion sur ce sujet et en tirera ses conclusions.

À cette époque, je n'avais pas mon mot à dire et mes parents n'étaient pas suffisamment informés pour aller à l'encontre des sacro-saints conseils du monde médical. Ils réussirent à m'ôter, beaucoup plus tard, mon appendicite et ce fut la dernière fois où je passais sur le billard. Après cet épisode, je me jurais qu'on ne m'y reprendrait plus et que, sauf urgence, je ne laisserai plus personne m'ôter quoi que ce soit !

La médecine est formidable dans l'urgence, l'accident, mais souvent à côté de la plaque dans le traitement ou la prévention.

Il n'y a pas si longtemps, en Chine, les médecins étaient payés lorsque les patients étaient en bonne santé, et lorsque la maladie trouvait une porte d'entrée, pas d'honoraire versé. L'entretien du corps par des procédés naturels était commun. On prenait soin de son corps, tant à l'extérieur qu'à l'intérieur, on prenait soin de son mental, on prenait soin de son être dans sa globalité.

La maladie n'est pas un processus « normal », la pleine santé est un processus normal. Le corps humain a tous les outils pour combattre, il faut juste lui laisser la possibilité de le faire, le mettre dans un environnement favorable et en prendre soin. De nos jours, la médecine allopathique découpe l'être humain en morceaux. On soigne la gorge, les poumons, ou le cœur sans prendre en compte l'origine de la maladie.

On soigne le symptôme, sans essayer de comprendre le message que cela transmet. On est dans un processus analytique quand l'être humain est un tout qu'il faut comprendre, écouter, accepter. Nous avons oublié l'enseignement légué par nos ancêtres qui eux avaient pris le temps d'étudier, d'écouter et de comprendre les messages du corps. Nous avons jeté au feu nos recettes de grand-mère au profit de la toute puissante science moderne et nous nous sommes oubliés, perdus. Et c'est ce que j'allais découvrir au travers de mes expériences de vie.

Bien que je ne fusse pas une lumière à l'école, je développais un esprit scientifique, cartésien, rationnel et pragmatique. Ma première passion, l'astronomie, me forgea cet esprit qui n'accepte que ce qui est scientifiquement prouvé. Par la même occasion, je devins areligieux. Je dirais même que je percevais la religion comme une béquille pour les plus faibles, un ramassis de croyances permettant aux incultes de vivre une vie jalonnée par des valeurs dictées par ce livre : la Bible. À cette époque, je ne l'avais pas lu mais je me permis de juger sans savoir, de catégoriser sans peine et de mettre ce sujet bien haut sur une armoire, rangé dans une boîte à chaussures bon marché et enseveli par un tas de vieux objets lourds qui ne serviraient jamais. La religion, quelle qu'elle soit, d'où qu'elle vienne, restera longtemps un sujet dénué d'intérêt voire tabou. J'étais catégorique et rien ni personne ne pourrait me faire changer d'avis.

J'étais trompé, voilé par l'autosuffisance, l'arrogance et la méconnaissance.

I.3

Après avoir passé un peu plus de temps que prévu au collège (je redoublai ma troisième bien que je réussis mon Brevet des collèges dès la première année), le lycée m'ouvrit les bras. Enfin, plusieurs professeurs de mon établissement m'avaient indiqué un chemin de traverse (vu mes superbes résultats) et je finis dans un lycée professionnel où j'étudiais l'électrotechnique.

Quatre-vingt-dix pour cent de garçons. Moi qui m'étais imaginé pouvoir enfin changer de statut et devenir plus populaire auprès de la gente féminine, vous imaginez ma déception à la vue de ce spectacle. Navrant. J'étais abattu. Premièrement, j'atterris dans ce bahut pour faire plaisir à mes parents qui voulaient absolument que je continue mes études vers un cursus qui me donnerait un métier (et franchement, je n'en avais rien à faire de l'électronique !), mais en plus, deux filles par classe et pas des top models ! Bref, les années à venir risquaient de ne pas être des plus palpitantes.

Ce fut le début de mes expérimentations d'adolescent. L'alcool devenait un centre d'attraction pour les plus timides d'entre nous ; levant barrières, inhibitions et nous permettant de nous croire invincibles. La drogue, quelques pétards qui circulent et qui, selon les tempéraments, vous rendent léthargique ou speedé complet. Et puis quelques filles plus accueillantes que les autres qui vous permettent de découvrir l'alchimie subtile du baiser et les diverses techniques du roulage de pelle, la science du pelotage voire pour les plus ouvertes la manipulation du « dégrafage » de soutien-gorge à une main. Toutes ces joies que nous expérimentons tous ne me comblaient pas de bonheur.

La musique prenait de plus en plus de place dans ma vie. J'étais devenu un bon guitariste. Je composais mes musiques et écrivais mes textes. Dans un style rock français, je ne me débrouillais pas trop mal. J'écrivais même quelques ballades en anglais, pour être plus branché. Rejoint par des camarades de classe, je montai un groupe. Edelweiss, notre nom de scène. Le batteur, René, avait aménagé dans le garage de son père un studio où nous avions pris l'habitude de répéter. Les murs couverts de boîtes d'œufs (pour un meilleur son) que nous avions collées avec application, cette pièce fut le réceptacle de nos créations et nous y passions beaucoup de temps. Puis le jour arriva. Ce fut le moment de présenter notre œuvre.

Nous avions enregistré une partie de nos morceaux les plus aboutis et avions entrepris de faire la tournée des pubs pour pouvoir nous produire « live on stage ! » Et on nous engagea rapidement.

Premier contrat au « Café des Halles ».

Une expérience très excitante d'où nous sommes sortis avec la certitude que c'était pour nous, que nous étions faits pour ça. Pendant les deux ans qui suivirent nous avons écumé les clubs de notre région jusqu'au jour où nous avons envoyé une vidéo de nos prestations à un télé crochet. Notre vidéo passa au milieu d'une centaine d'autres une nuit sur une chaîne régionale… mais on nous contacta pour passer le niveau suivant.

Nous avions été retenus. Génial ! Mais cette nouvelle fut le début de notre déchéance. Le second guitariste et moi étions prêts à tout quitter pour tenter notre chance dans le milieu artistique, le bassiste et le batteur eux, voulaient finir leurs études avant tout. Le groupe fut dissous et nos rêves de célébrité à jamais enterrés.

Cette épreuve me fit prendre conscience de certaines choses.

– Je ne suis pas fait pour étudier, pensais-je. À quoi bon continuer et forcer un chemin qui n'est pas le mien ?

Suite à ces réflexions je décidais de quitter le lycée après une dernière tentative qui dura deux mois dans un « BTS informatique industrielle » et qui me confirma ce que je savais déjà. Mais je regretterai, bien plus tard, de n'avoir pas fait des études pleines et de ne m'être pas donné plus de peine pour trouver ma voie. Suivre son instinct. Accepter les messages qui nous sont transmis par notre petite voix intérieure. Se laisser guider par la volonté divine qui s'exprime en nous par ces messages. Voilà ce qu'il aurait fallu faire, voilà le juste chemin à suivre. J'avais été tenté par les lettres. Étudier la philosophie. Mais dans la conception de mon entourage ce n'était pas du tout envisageable, ça ne servait à rien, non ?

I.4

Je décrochais un job de manutentionnaire à Toys'R'Us pour la saison de Noël. Pendant deux mois je devais décharger des camions chargés de jouets qui feraient le bonheur de nombreux enfants. À la fin de mon contrat, on me proposa de rester.

– Je dois certainement bien décharger ces camions, me dis-je avec ironie.

J'acceptais. Je vécus six années exceptionnelles. J'appris plus dans cette entreprise que nulle part ailleurs. J'intégrais la « Geoffrey School », école interne qui me permit de gravir les échelons jusqu'à me retrouver « manager ». Cela me permit aussi de faire mes premiers voyages. L'école se trouvant à Paris je goûtais aux joies de la capitale et de l'évasion. Dans cette formation, je rencontrais des intervenants de haut vol. Des personnes qui nous apportaient leurs expertises, qui nous donnaient sans retenue, qui nous enrichissaient de leurs expériences. Je buvais chacun de ces stages. Je me remplissais de ce savoir que je mettais en œuvre dans mon quotidien. Dès la première année, je finis major de promotion. Quelque chose qui ne m'était jamais arrivé mais quelque chose que je méritais vu mon investissement. En trois années je passais du déchargement des camions à la gestion d'équipe de plus de cent personnes en saison de Noël. On me faisait confiance, on reconnaissait mes qualités. Tant ma hiérarchie que mes collègues qui restèrent dans leurs postes et qui me virent évoluer et devenir leur manager.

Par la même occasion, je découvrais Paris. Ville superbe, vivante et lumineuse. Nous avions peu de temps pour visiter car nos emplois du temps étaient serrés mais le peu que je vis, en soirée, me donna l'envie d'y revenir avec plus de temps.

Durant cette période je laissais libre court à diverses passions.

– L'apprentissage des échecs (eh oui, ça peut être passionnant) qui développa encore mon esprit de synthèse, ma capacité de décision, de réflexion. Ce jeu est tellement codifié qu'il faut de vraies qualités de persévérance. On travaille les échecs, on les étudie, rien n'est laissé au hasard, chaque coup est calculé mille fois avant d'être joué, toutes les possibilités doivent être prises en compte et c'est souvent l'erreur de l'autre qui donne la victoire. Je comprends tout à fait que ce jeu soit au programme de certaines écoles car il est très formateur. Il forge un esprit rigoureux et curieux.

– La lecture, qui s'orientait de plus en plus vers l'Asie. Cela me reconnectait aux religions en particulier le bouddhisme que j'accueillais plus comme une philosophie qu'une religion d'ailleurs. Les livres du XIVème Dalaï-lama m'ouvraient l'esprit. Cet amour universel, cette compassion qui se dégageait de ces ouvrages me touchaient. Plus tard, je creuserais…

– Les arts martiaux. Je découvrais le Karaté qui, comme tout ce que je touchais, m'envoûta quelque temps au point d'apprendre tous les katas, même les plus avancés, et ce en deux ans. Mais je fus mal guidé par l'enseignant qui était lui plus orienté combat (un peu bourrin même) et cela ne me parlait pas du tout.

Tout allait pour le mieux dans cette période d'insouciance et de découverte. Toys'R'Us fut aussi important dans ma vie personnelle. J'y découvris pour la première fois de ma vie la passion pour une femme. Agathe. Et comme toute passion, cela fut intense, bref, avec une fin tragique car je fus convoqué au commissariat de police pour une histoire rocambolesque !

Ses parents m'avaient accusé d'avoir saccagé leur maison de vacances ! En effet, j'avais laissé quelques messages enflammés sur leur répondeur au moment de notre séparation, enfin plutôt au moment où elle m'abandonna pour retourner avec son ex, ce qui justifia leurs soupçons. Mais tout ceci se finit bien, les charges pesant contre moi furent abandonnées quand ils découvrirent qu'une bande de cambrioleurs rodait dans leur quartier, et avait commis plusieurs méfaits similaires.

Je rencontrais, après cette aventure, la fille qui allait devenir ma femme.

Sophie.

Brunette sautillante au caractère bien trempé lui venant d'une mère tyrannique, insensible et matérialiste.

Notre rencontre était tout d'abord motivée par l'attrait physique, puis l'engrenage se mit en route. Nous venions tous deux d'un milieu familial où la vie avait un certain schéma à respecter. Conditionnés par une éducation qui nous enseignait à épouser cette tradition, nous nous sommes jetés aveuglément dans ce carcan.

L'année qui suivit notre rencontre, un grand malheur m'arriva.

Je fus appelé sous les drapeaux.

L'armée française ne m'avait pas oublié et je devais m'acquitter de mon service militaire ! J'avais bien essayé pendant mes classes de me faire réformer, mais rien n'y fit. J'avais élaboré tout un tas de plans dans ma tête avant d'aller faire mes trois jours d'incorporation mais, une fois sur place, je perdis mes moyens et, avant de pouvoir dire quoi que se soit, le tampon rouge (qui restera gravé dans ma mémoire toute ma vie) était tombé brutalement sur la feuille de papier laissant l'empreinte d'« Apte » sur mon dossier. À la vue de cet horrible mot, des sueurs froides m'envahirent, des tremblements parcoururent tout mon corps, aucun mot ne put sortir de ma bouche et le gradé en face de moi m'interpella :

– Ça va ?, me dit-il.

Incapable de répondre il me renvoya d'un geste de la main.

J'étais déjà, à cette époque, un pacifiste convaincu et le simple fait de devoir entrer dans cette institution à l'encontre de mes idées, de mon ressenti, me faisait vomir.

Je dus donc partir dix mois pour servir la France. Je fus affecté dans une gare militaire dépendant de l'armée de terre. Mon job : aider le pilote de la locomotive pour la mise à quai des trains venus de toute l'Europe pour faire leurs manœuvres à la base de Canjuers, toute proche de nous.

Entre les convois, pour le moins rares, nous devions entretenir la gare en allant du débroussaillage des abords au graissage des boulons de nos trois kilomètres de station. Pendant ces dix mois, je pris dix kilos. Pour vous dire à quel point nous étions actifs. Lors de ma libération, je rentrais à grand-peine dans mon treillis de défilé ressemblant à une saucisse dodue et trop remplie.

Juste avant mon départ, Sophie et moi avions décidé de nous fiancer dès mon retour. Ce que nous fîmes. Et comme la tradition voulait qu'un an après les fiançailles le mariage suive, nous nous sommes mariés.

Sophie avait un but dans la vie : fonder une famille. Pour moi, c'était moins important mais si je pouvais la rendre heureuse, j'étais content. Alors je m'employais à réunir tout ce qui était nécessaire à son bonheur.

Jusqu'au jour où tout bascula.

Un dimanche matin où j'avais voulu lui faire l'amour pour la réveiller tendrement, elle fondit en larmes. Elle m'apprit qu'elle avait une liaison. Mon monde s'effondra. Complètement abasourdi par cette nouvelle, je ne pus balbutier que quelques mots.

– Alors, c'est fini entre nous.

– Oui, me répondit-elle en larmes

– Donc, on divorce ? Continuais-je

Elle fondit de nouveau en larmes et acquiesça de la tête.

Tout ce que j'avais toujours cru être ma vie et ce jusqu'à la fin de mes jours, venait en quelques mots d'être détruit. Je n'aurais jamais pensé à l'adultère, jamais cru pouvoir être trompé. Mais cela m'arriva et le lot de douleurs et de souffrances était bien compris dans le package que je venais de recevoir.

Après quelques mois à tourner en rond et à ruminer mon malheur je pris la décision qu'il fallait que je m'éloigne de tout ça. La proposition de son père arrivait à point nommé et sans une grande réflexion, je sautais le pas et m'installais sur Paris.

Chapitre II
Paris – Nice

II.1

J'arrive à Orly au mois d'octobre. Le gris de l'hiver commençait à se répandre. Le froid me saisit à la sortie de l'aéroport.

– Mais qu'est-ce que je fous ici ?!

Lors de mes précédents voyages, j'avais un billet retour quelques jours ou quelques semaines plus tard. Pas cette fois. Aller simple, dans l'idée de refaire ma vie et de faire fortune ! Une voiture m'attend. Destination la banlieue parisienne. Le quatre vingt quinze. Le ciel est bas. Le paysage plat et l'ambiance morose. Je sais que je risque de ne plus voir le soleil pour un bout de temps. Ce qui me motive : le challenge de ce nouveau poste et l'envie de découvrir de nouveaux horizons.

J'arrive dans un hameau, proche du département voisin de l'Oise où j'avais acheté une toute petite maison de village en piteux état. L'entreprise dont je dépendais maintenant m'avait aidé à la retaper et elle devenait presque accueillante. Trente-cinq mètres carrés divisés en deux étages. À l'étage une mansarde, mon lit, la salle d'eau. De plain-pied la salle principale, le coin cuisine le plus petit que je n'ai jamais vu. Mais comme je n'avais pas l'intention d'être souvent chez moi cela importait peu ! Pour relier ces deux niveaux un grand escalier de bois noir en colimaçon et sous cet escalier les toilettes bien cachés. Je mis du temps à me sentir chez moi. J'ai même eu souvent le cafard. Loin de mes racines, seul, avec le manque de soleil, de mer et surtout de ma montagne !

Cette période de ma vie me permit de découvrir Paris.

La capitale, une des plus belles villes du monde ! Sportif, un de mes premiers actes sur place est de prendre un abonnement dans une salle de fitness. Pour l'activité physique certes, mais aussi pour pouvoir faire des rencontres et créer un réseau social au plus tôt. Dans ce club il y a des cours de salsa. Je m'y inscris. Récent célibataire, j'ai bon espoir de rencontrer quelques jolies jeunes femmes pour m'aider à oublier l'épreuve que je viens de passer. Grâce à mon nouveau passe-temps favori je découvre Paris by night. J'écume tous les clubs salsa de Paname et noie mon chagrin dans la danse et la fête.

Une des particularités de la région parisienne est que dans chaque village ou presque, vous pouvez trouver un restaurant gastronomique. Même perdu au milieu de nulle part, j'ai toujours eu la chance de découvrir une petite auberge, accueillante, où la cuisine était à tomber par terre ! À cette époque j'étais un vrai épicurien et la vue d'un plat en sauce accompagné de son vin était une de mes plus grandes jouissances. Et si le dessert tenait toutes ses promesses alors le digestif, un armagnac ou un cognac grand cru, venait couronner le tout souvent accompagné d'un cigare dominicain (je les ai toujours préférés aux Cubains).

Je savais profiter de la vie, tout du moins telle que je la concevais...

Mon travail, lui, ne tenait pas toutes ses promesses. J'avais été recruté en qualité de « Directeur Général adjoint en charge du développement à l'international » dans une société qui commercialisait des cloisons de bureau amovibles.

Waouh ! Ça, c'est un titre qui ronronne joliment à mes oreilles. Promesse de salaire équivalent au double de ce que j'avais pu avoir jusque-là. Et un monde magnifiquement dépeint qui finissait de me donner toutes les raisons d'accepter cette fracture que j'allais vivre. En fait, je dus faire tous les boulots possibles dans cette société sans jamais faire le travail pour lequel j'avais été embauché ! Je passais de l'usine de fabrication à l'atelier de conception, du poste de préparateur des commandes au poste de commercial sur les routes, de manutentionnaire dans les cartons à dessinateur informatique, bref aucun des secteurs de l'entreprise ne m'était inconnu mais cela me demandait une gymnastique épuisante et une capacité d'adaptabilité importante et quelque peu stressante.

Mon Ex beau-père était le PDG de cette entreprise. Il m'avait proposé ce poste car il avait suivi de loin ma carrière professionnelle et trouvait que je ne m'étais pas trop mal débrouillé.

– Mais comment ai-je pu être aussi débile pour accepter un job du père de la fille qui venait juste de me trahir ?!

Certainement une fuite de ma part.

Après presque un an de cette vie et avec un constat d'échec, je décidai de rentrer chez moi. Cette expérience de vie avait été très enrichissante. Pas du point de vue professionnel, bien que toute expérience soit bonne à prendre, mais plutôt du point de vue personnel car une belle introspection me permit de passer outre le chagrin dans lequel je baignais.

Le mal du pays était vraiment trop présent. Mes attentes professionnelles non satisfaites et mon réseau social limité à une fille du club de salsa. Bénédicte, chevelure jaune filasse, teint blanc cadavérique égavé d'un rouge à lèvres trop vif sur une toute petite bouche. Parfum léger de patchouli pour finaliser le portrait et besogneuse appliquée au pieu. Psychopathe amoureuse, elle enchaînait les tentatives de suicide et les fausses grossesses pour me retenir. Bien que je lui avais expliqué ma situation et qu'il me serait impossible de reconstruire quelque chose si vite, elle avait un tel besoin d'amour qu'elle avait tout misé sur moi pour l'aider à se sortir de sa détresse émotionnelle. Elle m'avait tout de même aidé à me remettre en selle après ce divorce douloureux auquel je ne m'attendais pas, mais il fallait que je parte, cela devenait urgent !

II.2

Retour à Nice, un peu plus d'un an après mon départ. Mois de janvier ensoleillé. Je retrouve ma terre natale avec un grand sourire, les paysages que j'aime, les odeurs familières de la mer toute proche. Comme j'avais décidé de partir définitivement sur Paris, je reviens un peu penaud au domicile de mes chers parents. Ils m'accueillent les bras ouverts, trop contents de voir leur fils aîné rentrer au bercail !

Mes parents sont niçois, bien que d'origine italienne par leurs grands-parents respectifs, et cela implique qu'ils ont un attachement particulier à la famille. Lorsque je leur avais annoncé ma décision de partir sur Paris, ils l'avaient comprise (tous les événements autour de mon divorce avaient été trop proches de nous), mais en avaient beaucoup souffert. Mon père, Jérôme, est un homme placide. Travailleur mais peu ambitieux. Un mètre soixante-dix, brun avec une raie sur le côté qui suit un épi incontournable et oblige à conserver la même coupe de cheveux, trapu avec de larges mains puissantes utiles dans sa profession de plombier. Yeux ronds et foncés. Affable, il sait être gentil avec son entourage (gentillesse dont j'ai hérité) mais sauvage, il n'aime guère se mêler aux gens et préfère rester seul avec sa famille (qu'il adore) ou en compagnie de sa télé ou d'un bouquin (il a pour manie de décortiquer le magazine TV en lisant tous les articles, en faisant tous les jeux, en explorant tous les programmes proposés !). Il aime le sport, en particulier les sports mécaniques et le foot (qu'il me fera pratiquer pendant dix ans). Sa passion, s'il en a une, car ce n'est pas quelqu'un de passionné : le bricolage. En plus de son métier, il passe ces week-ends à construire une maison de campagne qui sera sa raison de vivre une grande partie de son existence ! Il nous a inculqué, à Cathy, ma sœur cadette et à moi la discipline, la rigueur, un esprit cartésien et une certaine philosophie de vie. C'est quelqu'un qui sait relativiser les choses. Contrairement à ma mère qui est très ou plutôt trop proche de ses émotions, lui sait se protéger des vicissitudes de la vie (en apparence). Donc d'humeur égale il vit sa vie paisiblement et sa seule volonté c'est qu'on lui foute la paix !

Janine, ma mère, grande femme dynamique aux traits secs. Elle est en action permanente, elle décide, tranche, organise. Sa mâchoire est carrée et serrée. Ses yeux malicieux peuvent en un battement de cils, devenir tout noirs de colère.

Amoureuse de ses enfants au point de ne pas vouloir les laisser à d'autres. Très protectrice au point d'arranger la vérité pour rendre le monde plus joli. Je me souviens d'une anecdote. Durant mon adolescence je fus perturbé par mes poussés d'acné. Me voyant souffrir du regard des autres, principalement des filles de mon entourage, elle me dit, d'un ton très sérieux et après m'avoir pris à part dans la salle de bains :

– Ne t'inquiète pas de tes boutons, lors de ton premier rapport sexuel ils disparaîtront !

A cause de cette énormité que je pris pour vraie, je ne cessais de courir après ce moment qui n'arriva que très tard dans ma vie et cette quête perturba une grande partie de mes rapports avec les filles.

Elle dédia sa vie à ses enfants, à sa famille. Sa vie fut une vie de mère de famille traditionnelle, peu de distractions, pas de passion particulière. Ne faisant qu'un avec mon père, elle le suivit dans ce projet fou de construction de cette maison de campagne qui devait devenir plus tard le lieu de réunion de notre famille. Sa santé en pâtit quelque peu car les travaux étaient rendus durs par un accès au terrain difficile. Sans route nous devions charrier tout le matériel à dos d'homme, et mon jeune âge m'empêchait de l'aider. En perpétuel conflit avec sa mère (qui avait un caractère très dur avec peu d'affection pour elle et beaucoup de reproches !), elle est perturbée dans sa recherche d'harmonie au sein de son foyer. Sensible voire susceptible, elle se veut forte, porte la culotte du ménage et donc essaie de n'en rien laisser paraître.

Ils vivent dans mon ancien appartement. L'appartement que j'avais acheté pour y fonder une famille avec mon ex-femme. Étant plus spacieux que le leur et inoccupé, je leur avais proposé d'emménager pour être plus à l'aise. Mais avec mon retour je leur reprends un peu de place qu'ils me concèdent avec grand plaisir. Je retrouve ce grand quatre pièces au sixième étage de mon quartier d'enfance, le quartier Saint Roch. J'avais acheté ce bien car nous avions pour habitude, dans ma famille, d'habiter tous dans le même quartier et je ne voulais pas briser la tradition… ma sœur l'ayant fait après moi en quittant la région pour aller habiter à six cents kilomètres, dans le Gers, ce qui avait brisé le cœur de mes pauvres parents.

Bien agencé, lumineux, calme, tout était réuni ici pour construire la vie rêvée de toute famille française moyenne. J'avais fait installer une belle cuisine aménagée en bois blanc laqué sur un plan de travail noir moucheté et au dessus, de larges miroirs venaient habiller les murs. Le rêve de toute ménagère de moins de cinquante ans. Deux chambres. La nôtre et celle de nos futurs enfants. Un bureau, dont j'avais toujours eu envie. Une belle salle d'eau où nous avions choisi une vasque double qui nous permettrait de profiter des réjouissances du bain ensemble ; erreur à ne plus commettre. Un salon accueillant avec un bar bien fourni des meilleurs digestifs et une cave à vin remplie de bouteilles choisies avec soin. Bref, toute la panoplie avait été dressée. Ah non ! J'oubliais ! Nous avions un magnifique chat persan, écailles de tortue, c'est sa couleur ; et un bouledogue français dont le passe-temps principal était de parfumer la pièce d'une odeur nauséabonde par des pets silencieux et de ronfler plus fort que dix bûcherons saouls après une fondue savoyarde trop copieuse ! Avec tout ça, le bonheur ne pouvait pas être très loin.

II.3

C'était la première fois de ma vie professionnelle où je me retrouvais au chômage. Sensation étrange. Moi qui ai toujours été quelqu'un d'actif, je me retrouve à ne rien avoir à faire de particulier et je dirais même à ne rien avoir envie de faire de particulier !

Après quelques semaines de retour au bercail, il fallait reprendre du service. Je veux dire… au niveau sentimental. Mon cœur avait été brisé mais j'avais recollé les pièces et j'avais besoin d'aide pour la consolidation finale. Je reprends quelques contacts et me remets à sortir. Assez rapidement, on me présente Stéphy, une potentielle promise. Célibataire aux traits gourmands, petite brune rondelette avec un large sourire qui lui éclaire le visage et laisse apparaître une dentition parfaite. Elle est superbe. En tout cas à mon goût. Ses grands yeux lumineux lui donnent un visage de poupée, mais une poupée à tendance vicieuse. Je tombe sous le charme. Elle aussi. Ce qui nous permet de finir la soirée à nous bécoter dans la voiture de mes parents. Plus qu'une amourette de passage, Stéphy fut le déclencheur de ma recherche. Dynamique, autoritaire, mais tendre. De sang corse et niçois, autant dire un cocktail épicé, elle me mena la vie dure bien qu'elle m'entourât de tout son amour. Son caractère dominant et acide me permis de découvrir ce qu'est la dispute. Jusqu'à présent, ma vie de couple avait été paisible, pas de heurts, pas de mot plus haut qu'un autre, électroencéphalogramme plat ! Mon ex-femme et moi n'avions, à mon souvenir, jamais vraiment expérimenté la dispute. Mais avec Stéphy, je peux vous dire que tout a vraiment changé. Elle fut capable de me faire monter une rage telle, qu'il m'est arrivé d'être obligé de m'arrêter sur le bas-côté de la route car je n'arrivais même plus à conduire, des larmes plein les yeux et une respiration haletante. L'énervement était tel qu'il me paralysait le corps. Les mots ne sortaient plus. Je m'emplissais, telle une centrale nucléaire en surchauffe, prêt à exploser à la moindre étincelle supplémentaire ! Mais c'est là où elle était très forte, car l'étincelle, elle la produisait, et avec une grande jouissance. Je pense que son expérience lui avait permis de maîtriser cet art dangereux que d'être capable de pousser son entourage dans ses derniers retranchements.

Dans les derniers mois de notre vie commune un surnom s'imposa : pitbull, et elle restera gravée dans la mémoire de mes proches comme « Le pitbull ». Quand je l'ai rencontrée elle était en train de faire construire sa maison sur un terrain que lui avaient cédé ses grands-parents, vieux agriculteurs retraités qui avaient gardé leurs terres malgré l'arrêt de l'exploitation de fleurs qu'ils avaient toujours tenue. Comme j'avais du temps libre, je pris la liberté de me proposer pour donner un coup de main (mon père m'avait appris pas mal de ficelles des métiers du bâtiment et je me débrouillais plutôt bien). Cette maison, au fur et à mesure de son évolution, devenait notre maison et le jour de son achèvement nous avons emménagé ensemble malgré le fait que notre relation était plus que houleuse ! Stéphy vivait au cœur d'une société matriarcale. Sa mère, divorcée de son père, aigrie et se forgeant une carapace pour cacher un cœur d'artichaut. Sa grand-mère d'apparence frêle mais femme forte. Sa sœur, jeune et mal dans sa peau comme tous les ados de son âge. Le seul personnage masculin autour d'elle était son père, Doumé. Il habite en Corse. Quel personnage ! Le stéréotype Corse. Un accent tel que l'on se demande s'il n'en joue pas. Cinquante ans, bodybuldé (en tout cas sur le haut du corps car ses jambes sont fines et frêles), crâne rasé, à cause d'une calvitie prononcée et non assumée, lunettes aviateur triple foyer qui confèrent à son visage des yeux disproportionnés et terminent de rendre cette apparence comique. Mais sous ce déguisement, un grand cœur et un amour marqué pour sa fille.

Bien que ma vie fût agrémentée de disputes mémorables, je décidais de tenter l'expérience d'une vie commune. Cela ne fut pas de tout repos et ne dura pas longtemps. Mais ces quelques mois de souffrance entrecoupés d'éclairs de plaisir (elle assumait totalement ses traits gourmands et son air de poupée vicieuse et j'en profitais largement) allaient changer ma vie.

Je fus confronté à la mort pendant notre relation. Son grand père, honorable paysan, mourut d'une embolie pulmonaire. Une nuit le téléphone sonna. La grand-mère de Stéphy nous appela affolée pour nous dire que son mari était en train de mourir. Ils habitaient tout proche de nous mais en même temps et dans cette situation, assez loin, cinq cents mètres au-dessus de notre maison. Nous nous sommes mis à courir pour atteindre le lieu du drame.

Arrivés en haut de cette pente raide qui nous essouffla, nous nous ruâmes dans la chambre pour découvrir le grand-père suffoquant dans son lit. La grand-mère nous dit entre deux sanglots que c'était terminé. Je ne voulais pas m'abandonner à cette idée. Je tentais désespérément un massage cardiaque et un bouche à bouche, mais rien n'y fit. Les secours arrivèrent dans la foulée pour prendre la relève mais la mort avait fait son office et le grand-père s'en été allé. Rien ne nous avait laissé penser dans les semaines précédentes qu'un tel drame aurait pu arriver. Je fus quelque peu traumatisé par cet événement. Cela me donna un sujet de réflexion et me laissa perplexe. La mort peut frapper vite, sans prévenir. Mais la vie continue, inexorablement, et le temps nous rapproche de cet événement inévitable alors que nous vivons comme si nous étions immortels, comme si nous avions tout le temps pour être présents, pour aimer, pour donner, pour partager…

Un beau jour ensoleillé de printemps nous discutions dans la cuisine. Le ciel était d'un bleu limpide, pas de vent, tout était paisible. Une de ses amies avait décidé de changer de vie. Son job de coiffeuse devenu insupportable, elle avait décidé de faire de sa passion première un métier. Elle avait repris les études par l'intermédiaire d'un organisme de formation pour adultes et était devenue prof de fitness. Elle me raconte ça et me demande :

– Ça ne te tenterait pas toi, de faire cette formation ?

Premier déclic !

– Faire d'une passion un métier ? Je n'avais jamais voulu y croire.

– Dans cinq mois je vais avoir trente ans, ne suis-je pas trop vieux pour ça ?

– Non je ne suis pas trop vieux, je suis en pleine forme ! Alors… je fonce !!

Chapitre III
30 ans, l'âge du renouveau

III.1

Je choisis alors de suivre la formation pour devenir éducateur sportif. Toutes ces années à expérimenter différents sports allaient être mises à profit. Je pris la mention « métiers de la forme » qui était une spécialité qui me permettrait de travailler en salle de fitness et qui demandait d'avoir une connaissance globale des sports, ce que j'avais déjà. En plus d'une vague idée de ce que j'allais faire après l'obtention de cette qualification, la seule chose que je savais c'est que j'allais me jeter corps et âme dans cette nouvelle aventure. De plus, je n'avais pas trop le choix. Financé par les Assedic, je me retrouvais dans une situation où la seule issue pour moi était la réussite, ma situation serait catastrophique si jamais j'échouais. Mon idée, floue mais présente, devenir Coach Sportif.

– Personal Trainer, ça en jette comme titre non ?

À cette époque ce métier était naissant et il y avait peu de visibilité quant à la possibilité d'en vivre. Cela ne m'affaiblit pas. Toute mon énergie passait dans les cours que je suivais. Pour la première fois de ma vie j'étais en train de me construire le parcours que j'avais toujours rêvé et que je n'osais espérer. Faire un métier passion. J'avais besoin que mon existence se remplisse, j'avais besoin de croire en quelque chose et d'occuper mon temps de façon productive. J'avais souffert de ne pas avoir pu faire des études plus en adéquation avec mes aspirations profondes, que je n'avais pas identifiées à cette époque. Toys'R'Us m'avait aidé à combler en partie ce manque mais j'avais besoin de plus. À cause ou grâce à cette scolarité loupée, je développais un goût insatiable pour l'étude. Quel que soit le sujet, dès qu'un intérêt en moi s'installait, j'étudiais, me documentais, avalant tout support de connaissance me permettant de combler ce vide en moi. Toutes les passions qui s'étaient succédées tout au long de ces années m'avaient permis d'étancher cette soif, et je découvrirais bientôt que tout ça avait une raison d'être, un but. Le hasard n'avait rien à faire avec ça, la frustration non plus. Ma relation avec Stéphy ne me satisfaisait pas, j'avais donc un manque affectif en plus de ce manque de reconnaissance qui grandissait en moi.

Cet objectif nouveau était le parfait remède à mon malaise. Et je comprendrais plus tard que chaque but que l'on se fixe dans la vie est une façon de continuer à avancer. Se fixer des objectifs régulièrement, atteignables et justes, aide à se construire une vie de joie. Quel que soit le résultat, le chemin que nous empruntons pour atteindre l'objet de nos désirs est semé de cadeaux qui remplissent notre existence, et il faut être vigilant pour ne pas passer à côté, pour réaliser que tous ces présents nous sont offerts. Il faut observer le chemin que nous empruntons et non les fruits de nos réalisations, c'est une des clefs du bonheur. Être présent à chaque instant qui passe et profiter de ces moments. Chaque seconde est une goutte de nectar que nous devons savourer à sa juste valeur. Et je peux vous dire que j'ai profité du chemin.

La formation fut très enrichissante. Je rencontrais des formateurs de grande qualité qui m'ont permis d'être, dans ce métier, une personne connue et reconnue pour ses compétences. Je pense surtout à deux personnes, Marie Pierre et Daniel. Marie Pierre m'a guidé tout au long de cette période, enrichi par ses conseils, nourri par sa façon d'être. Daniel, gérant d'un centre de remise en forme et formateur, m'a donné toutes les notions techniques dont j'avais besoin pour compléter mes connaissances et faire de moi le professionnel que je suis devenu. Il m'a aussi donné mon premier stage dans le milieu du fitness puis mon premier job en tant qu'éducateur sportif diplômé. Je reçus mon diplôme après le passage d'un examen qui fut mémorable. Surtout en ce qui concerne la partie des cours collectifs. J'avais toujours fait du sport avant cette formation, pratiqué quelques années la musculation mais je n'avais jamais suivi de cours collectif. Et c'était l'un des points très important pour l'obtention de ce diplôme. J'avais un avantage, j'étais musicien. Les cours se pratiquent en musique et l'enseignant doit maîtriser le rythme et le rapport musique/mouvement. Beaucoup de mes camarades rencontrèrent les plus grandes difficultés à dépasser cet obstacle. En particulier mon plus proche ami dans cette formation : Fabrice, ancien footballeur professionnel. En recherche de reconversion, il fut un personnage délicieux tout au long de nos heures de cours, un vrai clown, mais il s'agissait d'animer un cours collectif. Il ne surmonta jamais ce manque et loupa son examen en dépit du travail fourni.

Pour moi, cet avantage fut capital. Le jour où je piochais mon sujet à traiter je lus : « cours d'activation cardio-vasculaire sans matériel pour un public avancé avec travail de la désynchronisation segmentaire »

– C'n'est pas possible ! Tout ce que j'ai toujours redouté !

En traduction, je devais animer un cours de LIA (low impact aérobic) qui demande une connaissance de l'art de la chorégraphie, chose dont j'avais horreur, pour un public qui maîtrise mieux l'activité que moi. En plus, le travail demandé : faire des mouvements différents avec les quatre membres, était impossible pour moi. Je ne pouvais pas trouver pire. La seule solution allait être de tout jouer sur l'animation. Je rentrais dans la salle de cours gonflé à bloc, sans aucun doute sur ce que j'allais proposer mais aussi sans aucune attente quant à l'issue de ma séance.

Je mis « le feu » dans la salle !!

Les cobayes, étudiants disponibles pour suivre les séances proposées en attendant leur tour, jouèrent le jeu et se laissèrent emporter dans mon univers. La salle comportait des baies vitrées et au fil des minutes d'autres étudiants, à l'extérieur, s'agglutinaient sur les vitres pour voir ce qu'il se passait. En sortant de cette séance, tout un tas de personnes à la porte me félicitèrent pour ma prestation :

– Mais depuis combien d'années fais-tu ça ?

– C'est ta spécialité ?!

J'étais amusé par ces réactions et content de moi ; même si je savais que le jury n'allait pas être aussi facilement abusé que la plupart des spectateurs présents ce jour-là.

Ma note : 10,5. Juste ce qu'il me fallait. J'étais heureux.

Je compris un peu mieux le principe d'être dans l'instant et de vivre les choses pour ce qu'elles sont sans se focaliser sur le but final. Cela nous permet de goûter mieux à chaque seconde et d'être plus détendu en toute situation. Je n'avais aucune attente particulière lors de mon passage, si ce n'était de faire au mieux de mes possibilités. J'étais dans le plaisir de donner sans attendre de retour.

III.2

Après cet examen que je réussis brillamment comme seulement vingt-cinq pour cent des participants (en moyenne par an), Daniel me proposa un poste dans la salle qu'il avait en gérance. J'acceptais cette proposition avec plaisir. Je commençais à me rendre compte que plusieurs expériences de ma vie précédente – pendant laquelle j'étais marié et destiné à tout autre chose – me servaient aujourd'hui. La musique, par exemple, m'avait aidé à obtenir mon ticket pour ma nouvelle vie. Après quelques mois de travail en tant que coach particulier dans cette salle de fitness, Daniel décida d'installer un nouveau cours dans son planning, le yoga. Après avoir vu maints personnages se réclamant professeurs de yoga, tous avec des personnalités très particulières, plus ou moins originales, voire farfelues, le choix qui se proposait à lui n'était pas simple.

Puis Philippe se présenta.

Crâne rasé, petit de taille mais, et je le découvrirais plus tard, grand par ce qu'il transmet ; blanc de peau assombri par une épaisse fourrure poivre et sel. Philippe a une voix un peu nasillarde voire par moment criarde, qui flirte avec les aigus ce qui n'est pas forcément évident pour un enseignant de yoga, mais il sait la rendre douce et enveloppante si nécessaire. C'est un personnage que l'on aime ou que l'on déteste. Caractère entier, voire soupe au lait, lui aussi vous aime ou vous déteste, bien que l'ouverture dont il fait parfois preuve peut vous entraîner d'un camp à l'autre. Il aime la fidélité, il aime être aimé. Philippe est sensible et son hypersensibilité lui joue souvent des tours dans ses rapports humains.

Daniel embaucha donc Philippe et ce fut le début de l'ère yoga au sein du club. Les cours avaient du succès. Très rapidement ces cours devinrent les cours les plus fréquentés et Daniel dut rajouter des créneaux horaires au planning à la rentrée suivante. Pour que l'équipe du club puisse profiter des bienfaits que pouvait apporter le yoga, Daniel, dont la mère était prof de Hatha Yoga, décida de proposer un cours aux salariés, gratuit et à sept heures trente le matin avant l'ouverture du club.

Premier cours: quatre-vingts pour cent de l'effectif furent présents malgré l'heure très matinale pour la plupart d'entre nous.

Deuxième cours: vingt pour cent.

Troisième cours: je me retrouvais seul avec Philippe.

Après le premier cours, Philippe me fit une remarque que jamais je n'ai oubliée:

– Toi, tu as des facilités, me dit-il d'un ton sec à dix centimètres de mon visage en me regardant droit dans les yeux.

Juste cette petite phrase. Mais cette phrase changea ma vie.

Le cours cessa. Je pris mes dispositions pour pouvoir suivre les cours proposés au planning. Le yoga proposé était l'Ashtanga Vinyasa Yoga d'une part, enchaînement athlétique de postures choisies qui permettait de renforcer le corps tout en l'assouplissant, et du Hatha Yoga d'autre part. Philippe avait un enseignement très sec. Il avait été formé par Mahesh Yogi, un des premiers enseignants venus d'Inde a s'être installé en France. L'école traditionnelle du Hatha Yoga. Un style ayant été codifié pour le maintien ou l'amélioration de la santé grâce à des pratiques simples mêlant postures et respiration étudiée. Une école où l'enseignement était directif, où les explications étaient bien moins nécessaires que l'expérimentation. Et Philippe suivait ça à la lettre. Peu d'explications et une pratique intense, dictée de façon dynamique. Par son parcours il s'était formé à une forme de yoga adapté à notre tempérament occidental où le corps était mis à l'honneur au détriment de l'esprit si cher aux orientaux. Il trouva donc tout naturellement sa place dans une salle de fitness où le culte du corps s'affiche partout. Deux cours différents furent enseignés, l'un basé sur le Hatha Yoga, doux, lent, dédié à un public qui recherchait détente et souplesse; l'autre basé sur le Vinyasa, où la performance physique était mise à l'honneur et où l'on cherchait à dépasser ses limites.

J'étais l'antithèse du yogi à cette époque. Bon vivant, j'aimais les plaisirs de la table et, comme vous le savez, cela prenait déjà une bonne partie de mes loisirs. Philippe me voyant à tous ses cours faire des efforts immenses pour arriver à faire ce qu'il proposait, se prit d'affection pour moi. J'étais raide comme un piquet. Je sortais d'un an de musculation intense. J'étais capable de soulever deux cents kilos au Squat mais il m'était impossible de toucher mes orteils sans fléchir mes jambes.

J'étais pourtant au top de ma forme, je n'avais jamais été aussi bien physiquement. Mais une des qualités que j'avais toujours laissée de côté était la souplesse et cela me faisait maintenant cruellement défaut.

Après avoir vu mes piètres performances en cours, il vint me voir pour me dire :

– Il faudrait que tu arrêtes de manger de la viande, tu es plein de toxines !

Je le regardais surpris et interrogateur… je mangeais à cette époque beaucoup de viande rouge et j'adorais ça, pourvu qu'elle soit saignante, copieuse et accompagnée d'un bon Bourgogne.

– Si tu veux progresser, il faudra que tu deviennes végétarien un jour.

Cela finit de m'abasourdir.

– Je viens de commencer le yoga et il me demande de changer mes habitudes alimentaires, pensais-je. Il est fou ce type !

III.2.A

Puis les semaines passèrent et je continuais sans cesse les cours, jusqu'à dix heures par semaine. Philippe me donna quelques lectures à parcourir car j'étais, comme à chaque fois que je démarre une activité nouvelle, en soif de connaissance. Il me conseilla la Baghavad Gita qu'il me présenta comme la bible du yoga. Il me prêta une édition qui comportait trois volumes de deux cent cinquante pages.

– Tiens, commence avec ça et après nous verrons, me dit-il avec un léger sourire sarcastique.

Je pense qu'il voulait tester ma motivation. Cet ouvrage est en effet la bible du Yoga en Inde, mais donner ça à lire à un débutant a plus de chance de le dégoûter que de lui donner envie. Surtout en sept cent cinquante pages ! Cette « Bible hindouiste » traite de la philosophie du yoga. Grâce à une épopée mythique, tous les principes de la pensée yoguique sont disséqués. Arjuna, guerrier craint et puissant, se voit le jour de la plus grande bataille de sa vie empli de doutes et de craintes. Krishna (le dieu omniscient, omniprésent, omnipotent), sous les traits de son cocher, lui enseignera la connaissance universelle et l'emplira de sagesse pour qu'il puisse comprendre et réaliser sa destinée. Tout pratiquant de Yoga sincère se doit, un jour ou l'autre, de lire cette épopée car là est la vérité du Yoga. Et je peux vous dire qu'à la vue de ces ouvrages anciens – ils étaient vieux et reliés à l'ancienne dans une couverture sentant le renfermé, sans couleur définie – je fus pris d'un sentiment intense qui me parcourut de la tête aux pieds comme si l'on venait de me donner un trésor. Je pris les livres sans exprimer mon ressenti et sans faire attention à son attitude moqueuse. Je lui promis de les rapporter bientôt.

– Prends ton temps mon jeune ami, prends ton temps.

Je lus vite. Certainement trop vite et je luis rapportais ces ouvrages deux semaines plus tard.

– Déjà ! Cria-t-il. Tu ne les as pas déjà lus ?

– Si, répondis-je.
– Et alors ?
– Alors quoi ?
– Ça va ?
– Oui.
– Et c'est tout ?
– Oui, c'est très intéressant.

Il se retourna avec un geste d'agacement, étonné et déçu par si peu de commentaires. Je venais de lire un ouvrage que les hindous vénèrent, qu'ils relisent sans cesse pour en comprendre l'essence et moi en deux semaines j'en avais fait le tour en ne trouvant rien d'autre à dire que : « c'est très intéressant ».

Je ne sais encore pas à ce jour le réel fond de sa pensée à ce moment-là.

Dans cet ouvrage, que je vous conseille vivement, tous les « styles » de yoga sont abordés. Mais à aucun moment on ne parle de postures. Moi qui n'avais pour le moment expérimenté que les pratiques physiques, je fus interloqué. Ce texte est issu d'un ouvrage plus vaste encore, le Mahabharata, qui est une grande épopée épique traditionnelle de l'Inde. Ce texte date du quatrième siècle avant Jésus-Christ. Les sages de cette époque, les Rishis, ont transmis de génération en génération l'enseignement qu'ils avaient reçu par le divin puis cette tradition orale s'est transformée en écrit, les Védas et les Upanishad sont nés. De ces textes, prolifiques, toute la littérature yoguique a pris sa source.

III.2.B

Philippe avait plus ou moins eu le même parcours que moi. Il avait, dans une première vie, été informaticien en charge du service informatique d'une grande banque. Marié, une fille, la vie classique que tout un chacun accueille avec plaisir quand elle se présente.

Mais cela ne le satisfaisait pas. Une aspiration supérieure était en lui et elle le poussa à la recherche de réponses à ses questions. Il découvrit le yoga. Et ce fut une révélation ! Il changea de vie, partit en Inde auprès de maîtres authentiques pour apprendre à la source. Il était prêt à y rester les douze années qui traditionnellement constituent le temps nécessaire d'apprentissage auprès d'un gourou pour vous permettre d'atteindre votre être profond. Mais la vie de famille le rattrapa et il dut après quelques mois rentrer en France. Le chemin du disciple n'était pas pour lui. Il décida alors de se former dans son pays et s'inscrivit à l'école de Maesh Yogi.

Son enseignement était de qualité. Il animait, tout au long de l'année, des stages de perfectionnement que je ne loupais pour rien au monde.

Et dans ces stages, nous pouvions rencontrer divers personnages.

Des élèves assidus ayant une réelle envie d'aller plus loin dans leur compréhension de ce qu'est le yoga : cinq pour cent.

Des élèves groupies, qui n'avaient d'yeux que pour Philippe, pour ce qu'il était, ce qu'il représentait, ce qu'il dégageait, mais pas trop d'intérêt pour l'enseignement traditionnel : quatre-vingts pour cent.

Ils ne percevaient que ce qu'ils voyaient. Un enchaînement de postures qui leur permettait de garder la forme voire de perdre un peu de poids en sculptant leurs corps qu'ils pourraient alors exposer lors de leurs sorties estivales. Et même lorsqu'ils s'intéressaient au cœur des enseignements, leur compréhension était faussée. Ces personnes croyaient être sincères dans leur démarche, elles étaient brouillées par les voiles de la Maya : la réalité telle que l'on croit qu'elle est.

Un exemple : vous marchez sur un chemin en campagne à la nuit tombante et vous apercevez un serpent. Vous faites un bond de côté en criant, votre cœur bat à vous en faire exploser la poitrine, votre respiration est haletante. Mais sur le chemin rien ne bouge. Vous vous approchez timidement. Et vous vous apercevez que votre serpent est en fait une branche de bois sec. L'illusion de la Maya a frappé. Vous avez cru à une vérité – un serpent qui pourrait être dangereux pour moi – alors que la réalité était tout autre – un bout de bois bien inoffensif.

Ces gens croyaient sincèrement avoir la juste compréhension du yoga, mais ils étaient trompés par leur ego qui les détournait de la réalité.

L'ego est cette faculté de croire que nous sommes supérieurs, différents ou meilleurs. Nous nous installons au-dessus de tout et notre nombril devient la chose la plus importante au monde ! Le narcissisme peut se rapprocher de l'ego, mais l'ego est plus vicieux il n'éclate pas au grand jour. Il pilote une grande partie de nos comportements, de nos réactions face au monde, de nos interactions avec les êtres vivants. Il nous fait croire que la vie tourne autour de nous et de nous seuls !

Cette observation me fit comprendre qu'il était primordial d'être vigilant. D'observer ses propres agissements ; Viveka : la discrimination, devait être une qualité à cultiver à chaque instant pour déjouer les voiles de l'illusion. Tout au long du chemin nous avons des droits et des devoirs, des risques et des satisfactions, des cadeaux doux ou épineux, il faut accepter cela et développer le Drashta ou témoin extérieur. Être capable de s'observer être, agir dans ce monde sans s'identifier à ce qui est. Nous nous créons des personnages, et ils nous aident à faire face aux situations. Il faut en être conscient. Il faut être attentif et ne pas s'identifier à ces personnages qui ne sont que de passage, impermanents. Il faut s'amuser des différents rôles que l'on joue dans nos quotidiens. Le rôle de mère de famille, d'avocat, de femme de ménage, d'épouse, d'amante, le rôle avec nos familles, nos amis, nos relations de travail, etc. et tout au long du chemin nos personnages changent. Puis, ils deviennent moins nombreux car nous nous affirmons plus, nous nous retrouvons plus, jusqu'au jour ou tous les masques tombent et il ne reste plus que Soi. L'un et l'unique.

Enfin les quinze pour cent restants étaient des élèves humbles. Ils suivent les enseignements avec attention, pratiquent du mieux qu'ils peuvent, perçoivent les changements qui prennent place en eux, mais n'en font pas une priorité. Ils installent dans leurs vies les cours de yoga qu'ils reçoivent comme quelque chose d'important, un rituel qui leur apporte bien-être et paix intérieure. Ce sont souvent ceux qui sont déjà bien dans leurs têtes, dans leurs familles et leurs métiers et qui n'ont besoin que d'un petit plus pour que tout soit à la hauteur de leurs attentes, qui d'ailleurs ne sont pas élevées. Ils connaissent inconsciemment Santocha, le contentement. Un des principes promulgués par les textes anciens. Cette qualité de se satisfaire de ce qui est sans vouloir toujours plus, sans être avide, que ce soit d'argent, de pouvoir, de connaissances, ou autres. Ils installent dans leur fonctionnement de vie une certaine placidité qui leur permet de l'accepter telle qu'elle est en faisant le juste effort pour évoluer au mieux dans ce monde. Certainement les plus équilibrés des participants aux cours de yoga.

III.2.C

Après quelques mois de pratique régulière, il s'installa entre Philippe et moi une relation de maître à disciple, cette relation entre un enseignant et un étudiant où un profond respect colore les rapports humains. Où chacun des protagonistes voit en l'autre une étincelle de lumière. Où l'élève voit la science couler telle une douce rivière des sommets couverts de neiges éternelles vers la vallée vierge attendant d'être nourrie par ce doux nectar de vie. Où l'enseignant perçoit la terre neutre et pure attendant de recevoir les éléments nécessaires pour laisser prospérer toutes les qualités latentes. Nous avions cette relation naissante qui s'installait entre nous, sans l'avoir cherchée, sans la forcer.

L'adage dit : « Quand l'élève est prêt le maître arrive », et bien que Philippe n'était pas un maître réalisé, il sera mon premier gourou. Le guide qui fera entrer en moi la goutte de lumière qui mettra le feu à mon désir de spiritualité, qui allumera en moi cette soif de connaître, cette pulsion profonde d'union avec le divin. Et si je devais définir le divin je dirais que toute la nature autour de nous est divine, tout est sacré, tout ce qui Est doit être, et doit donc être considéré comme divin. Le rire d'un enfant, la goutte de rosée sur un pétale de rose, la brise matinale, la pluie, la naissance, la mort, un arbre, la mer, un désert, tout est une manifestation du divin.

Ishvara pranidhana, l'abandon au divin. Faire confiance à ce qui Est, accepter et accueillir car rien n'est à faire pour modifier ce qui Est, juste ouvrir les bras, le cœur et l'esprit.

– Tu dois installer une Sadhana quotidienne, me dit-il un matin.

– Une quoi ?

– Une pratique que je vais te décrire et qui te prendra trente minutes tous les jours

Une joie immense m'envahit. J'allais passer un deuxième cap : installer une discipline de vie yoguique.

– Tu mettras ton réveil une demi-heure plus tôt et tu pratiqueras cinq salutations au soleil, onze cycles de NadiShodana, et quinze minutes de méditation.

– Ok

La Sadhana est une pratique spirituelle quotidienne. Elle se compose de différentes pratiques : posturale avec les asanas, respiratoire avec les pranayama, puis méditative avec des exercices nous menant vers l'état de méditation. Car il faut comprendre que la méditation n'est pas une technique, mais un état que l'on atteint grâce à notre assiduité dans la pratique. Cela nous aide à mettre en place une discipline de vie qui permet de progresser sur le chemin de la connaissance de soi, pour se rapprocher de l'éveil et donc de l'union avec le tout, le divin. Je connaissais bien ces pratiques mais il me conseilla d'acheter deux livres pour m'aider à mieux appréhender ces techniques ; le premier : « Hatha Yoga Pradipika », référence incontournable pour qui veut approfondir les pratiques codifiées par les anciens yogis, mais ouvrage de huit cents pages qui demandera courage et persévérance ; et « Asana, Pranayama, Mudra & Bandha », de Swami Satyananda Saraswati qui, plus accessible et plus synthétique, me permettra d'aller à l'essentiel des techniques qu'il m'avait demandé de mettre en place dans mon quotidien.

Je dévorai le premier. Le volume de ce livre était, pour moi, une source de motivation. J'entrai dans un monde que je ne connaissais pas. Jusqu'à présent, je n'avais abordé la pratique de yoga que comme un travail sur le corps physique. Un enchaînement de postures expérimentées depuis des millénaires par des gens que l'on appelle « Yogi », et qui permettait de conserver ou de retrouver souplesse, force et endurance. Et puis, qui étaient vraiment ces « Yogis » dont j'avais peu entendu parler ?

J'avais lu ou entendu je ne sais où, que ces hommes vivaient dans les montagnes de l'Himalaya, à moitié nus, ne possédant rien si ce n'est une grande science provenant de leurs diverses expérimentations. Ces hommes sont en fait des ascètes qui dédient leur vie à la réalisation du divin, Brahman comme ils l'appellent, par des pratiques associant la maîtrise du corps physique (c'est là qu'interviennent les postures ou Asanas), la maitrise de l'énergie vitale circulant dans le corps ou Prana (par des techniques respiratoires appelées Pranayama). Cela permet d'apaiser le mental à tel point qu'une détente totale prend place, que plus aucune peur, plus aucun doute ne subsiste. Alors l'union entre notre âme individuelle, l'Atman, et l'âme cosmique, Paramatman, se fondent en une seule entité : Brahman.

Le mot Yoga veut dire « Union » et le but ultime du yoga, que l'on appelle Samadhi (mais que d'autres traditions nomment Nirvana, Illumination, Éveil ou qualifient de bien d'autres termes encore), est cette capacité à vivre dans l'instant, à avoir dépassé les voiles du mental, à comprendre la vraie réalité des choses telles qu'elles sont et non telles que nous croyons qu'elles sont, à réaliser que le Divin est partout, que le Divin est tout, que rien ne peut être hors de cette matrice Divine. Nous vivons tous avec nos propres voiles de la Maya et nous filtrons les choses, les situations et les gens avec ces perturbations qui colorent la vérité et troublent notre compréhension.

Alors, ces Yogis nous transmettent leur expérience. Ils ont, eux, réalisé l'union. Ils ont parcouru le chemin vers cet Éveil. Ils sont donc aptes à nous guider sur ce merveilleux parcours, difficile à emprunter, orné de diamants mais aussi de pièges et d'embûches. Ils nous aident à contourner les difficultés, à goûter pleinement aux joyaux qui nous sont offerts, car il suffit juste de s'abandonner et de se laisser mener au Nirvana.

J'avais commencé à comprendre cela intellectuellement, grâce à mes lectures, mais je n'avais pas encore pu l'expérimenter. La route s'offrait à moi. Il ne me restait plus qu'à y poser un pied après l'autre.

Le Yoga était donc bien plus qu'un enchaînement de postures dédié à retrouver la forme. Et par l'étude, je commençais à le comprendre.

III.2.D

Swami Satyananda Saraswati est un maître réalisé. Il avait pour Gourou Swami Sivananda Saraswati de Rishikesh reconnu à travers le monde pour le don de soi qui le caractérisait, et pour être l'un des premiers à avoir étudié, traduit et commenté les textes anciens du yoga. Disciple de Swami-ji (c'est comme ça que l'on appelle affectueusement son maître en Inde), Swami Satyananda resta à ses côtés plus de douze ans, puis Swami Sivananda lui demanda de partir et de diffuser les enseignements du yoga à travers le monde. Ce qu'il fit. Il voyagea d'abord en Inde, puis, avec sa notoriété naissante, il fut invité dans de nombreux pays et dédia sa vie à la transmission de son savoir tout en accomplissant la mission que lui avait donné son maître.

Pendant ces années, il écrivit de nombreux ouvrages. Swami Sivananda avant lui avait déjà été prolifique (plus de deux cents ouvrages !) et Swami Satyananda publia plus de quatre-vingts livres.

Je commençais, pour la première fois de ma vie, une Sadhana. Il allait me falloir du courage, de la volonté et une vraie motivation pour pouvoir passer ce cap où bien des gens chutent et renoncent… mais je n'en savais encore rien.

Il a été codifié quatre niveaux d'implication dans le yoga. Swami Niranjan, disciple direct de Swami Satyananda qui fut pris sous son aile dès l'âge de quatre ans, le répète souvent.

Le premier niveau, où quatre-vingt-dix pour cent des gens se trouvent, est le fait de suivre des cours de yoga dans des centres et sous la guidance d'enseignants.

Le deuxième niveau s'installe lorsque l'on commence à pratiquer seul chez soi. S'astreignant à suivre une discipline rigoureuse, une pratique quotidienne, c'est la Sadhana. Et seul cinq pour cent parviennent à ce cap.

Le troisième niveau, trois pour cent de la communauté de pratiquants, se présente quand on assimile les préceptes philosophiques enseignés par les textes anciens et qu'on les applique dans notre quotidien. Nous avons alors un bon résumé de ces concepts dans les « Yoga Sutra » de Patanjali, ouvrage de référence s'il en est un.

Dans son explication et sa perception du yoga, il transmet une codification en huit branches ou étapes. Les deux premières concernent les codes de conduite et les règles de vie. Par les Yama et les Niyama, il nous propose des clefs qui nous permettent d'accéder à ce troisième niveau dont parle Swami Niranjan.

Et enfin, le quatrième ; deux pour cent des pratiquants, s'installent quand le yoga est devenu un style de vie à part entière. Quand nous respirons yoga, quand le yoga n'est plus seulement une activité de développement personnel mais quand nous ne formons plus qu'un. Ce quatrième niveau est réservé à quelques maîtres qui ont accepté de s'abandonner et de se laisser emplir. Jésus disait : « Vide-toi de toi-même et je t'emplirai ». À ce niveau, c'est exactement ça, ces êtres ont supprimé leur ego et se sont laissés emplir de Divin.

Patanjali, personnage qui divise les historiens (on ne sait pas exactement à quelle époque il vécut, probablement entre quatre cent avant Jésus Christ et deux cent après, on ne sait pas non plus qui il était vraiment, quelle était sa fonction, défini comme grammairien, philosophe, il laisse planer un doute dans nos esprits), a écrit le texte majeur éclairant, en cent quatre-vingt-seize aphorismes ou sutras (versets courts et synthétisant un enseignement), la connaissance du yoga : Les Yoga Sutra.

Jusqu'à présent cela n'était accessible qu'aux érudits sanskritistes pouvant consacrer leur vie à l'étude des textes anciens : les Védas. Ces textes représentant des volumes et des volumes hermétiques au plus grand nombre. Il synthétisa l'essentiel en quatre parties. Il fut commenté tout au long des siècles par tous les sages, gourous, érudits ou philosophes se réclamant spécialistes de cette philosophie millénaire, chacun apportant son expérience, son analyse et plus important que tout, sa perception pratique de cet enseignement.

« yoga chitta vritti niroda »

Voici le deuxième sutra du premier chapitre.

« Le Yoga est l'arrêt des fluctuations du mental » pourrait en être une traduction.

Cette définition résume à elle seule le but, le chemin et la cause de nos souffrances.

Quand Philippe perçut que je devenais un étudiant sérieux, un élève assidu avec une réelle volonté d'apprendre, il me donna cette phrase à méditer. Et il me conseilla la lecture des Yoga Sutra. Je me plongeai dans une version qu'il me prêtât. Je le lus, comme à mon habitude, trop vite, et ma compréhension en fut superficielle. Malgré cela, j'affinais, chaque jour un peu plus, mes perceptions. Chaque pratique me permettait d'être plus à l'écoute de moi-même, plus présent aux autres, plus concentré dans mes actions, plus efficace dans ma vie. Ma soif de connaissance me portait vers les lectures mais aussi m'aidait à avoir une pratique assidue. J'effectuai tous les jours, sans faute, ma sadhana, et régulièrement j'avais quelques conseils de mon maître, quelques ajustements dans la pratique qui me permettaient de sentir en moi des choses que je n'aurais pas imaginées trois ans plus tôt. L'énergie qui m'animait me permettait d'avancer vite et j'avais besoin d'un moteur pour progresser dans ma vie, nous en avons tous besoins.

Trois états nous caractérisent au quotidien, l'inertie, la lenteur, la paresse : Tamas ; l'activité, le stress, le mouvement : Rajas ; le calme, l'harmonie, la paix : Sattwa. Ces trois états sont ce que l'on appelle les Gunas et nous varions d'un état vers l'autre en fonction de ce que nous sommes et en fonction de chaque situation. L'un des objectifs du yoga est de raffiner notre être et agir le plus souvent possible dans l'état Sattwique, mais pour y arriver il faut se sortir de Tamas, la paresse et être actif. Rajas est l'état qui nous permet d'apprendre, de nous sortir de l'ignorance pour nous aider à aller vers la connaissance universelle, c'est ce qui me poussait à cette période et c'est ce qui me permit d'avancer rapidement sur le chemin d'éveil.

III.3

Cela faisait maintenant deux ans que le yoga remplissait mes jours et mes nuits. J'avais plongé tête baissée dans cet enseignement, m'étais nourri de lectures diverses et avais découvert une hygiène de vie différente de ce que je connaissais et qui me convenait. Philippe, végétalien sans concession (bien qu'il aime bien un bon petit verre de vin ou une jolie coupe de champagne de temps en temps), me rappela que mon métabolisme était en train de changer et que je devais maintenant adapter mon alimentation à la pratique si je voulais passer un nouveau cap. Je n'étais pas encore prêt à cela. Je l'écoutais mais n'appliquais pas.

Il me proposa d'aller suivre un stage de Yoga Nidra avec Swami Shivadhara.

Le Yoga Nidra est une technique mise au point par Swami Satyananda qui, lors de son séjour à l'ashram de Rishikesh auprès de Swami Sivananda, vécut une expérience particulière.

L'ashram est un lieu de vie où l'on se libère de notre confort quotidien pour revenir à un mode de vie plus dur, plus simple. On y travaille, et on brûle nos Samskaras, nos perturbations installées dans le subconscient. Et c'est par le Karma Yoga, l'action désintéressée, que ce processus prend place. Au service de son maître, il se dévouait corps et âme. Il travaillait sans cesse et sans relâche à la vie de l'ashram. Jour et nuit il dédiait tout son temps à entretenir ce lieu de vie yogique. Il travaillait tellement qu'il dormait très peu et pendant que les autres résidents prenaient des enseignements, il s'autorisait des moments de pause ou il somnolait. Sa chambre était proche des lieux de pratique. Pendant son demi-sommeil il percevait les chants et autres rituels qui étaient pratiqués. Après quelques mois, il s'aperçut qu'il connaissait aussi bien les rituels que les plus réguliers de ces participants. Il comprit que dans cet état de veille nous développons un état d'hyperconscience qui nous permet d'enregistrer certaines choses et de nous libérer d'autres. Il expérimenta, s'inspira des textes et codifia cette pratique de yoga nidra, le yoga du sommeil où l'on apprend à dormir pour mieux s'éveiller…

Swami Shivadhara donnait un stage sur Nice et Philippe, très proche d'elle (elle lui avait donné son nom spirituel, Shiva Roopa qui signifie « la forme de Shiva » qui est un des dieux hindouistes majeur), souhaitait participer. Lumineuse, rayonnante furent les premiers mots qui vinrent à mon esprit quand je la vis. Belle femme d'âge mûr coiffée d'une magnifique chevelure blanche rangée en chignon. Des petits yeux doux et amoureux. Amoureux du divin, c'est une Bhakti. Une amoureuse de dieu. Discrète, voire effacée, douce et chaleureuse dans ses gestes ; humble et sensible dans ses mots ; dotée d'une voix cristalline elle chante divinement bien les bhajans et kirtans (chants dévotionnels) avec lesquels elle agrémente son enseignement. Ses interventions étaient justes. Chacun de ses mots choisi avec précaution. Ses silences étaient pleins. Une belle sérénité émanait d'elle, elle était une source de lumière et d'inspiration. Philippe me présenta à Swami-ji. J'étais timide, trop respectueux peut-être mais, pour moi, cette personne était un être de lumière et j'étais trop grossier, trop impur pour oser l'approcher, la toucher. Je m'approchai mais restai à bonne distance, je joignis mes mains au centre de ma poitrine et en m'inclinant j'osai un « Namasté », formule de politesse dont Philippe se servait pour saluer ses élèves au début et à la fin de chaque cours. Elle s'inclina avec un petit sourire pour me saluer et dit quelques mots au creux de l'oreille de Shiva Roopa. La complicité entre ces deux êtres était belle à voir. Ce week-end passé à ses côtés fut un moment particulier, une révélation, un modèle à suivre.

2ème déclic

Oui, je voulais arriver à ça, oui, je voulais goûter à cette paix qu'elle nous communiquait, qui nous inondait quand elle nous regardait, quand elle avait un sourire vers nous, un geste. Le sujet du stage était devenu secondaire mais inconsciemment je m'emplissais de cet enseignement subtil et cette technique deviendrait une de mes pratiques de prédilection où j'allais m'épanouir et moi-même rayonner.

Un nouvel événement allait radicalement transformer ma perception de la vie et du monde qui m'entoure.

– Je pars en Inde en avril, tu m'accompagnes ? me dit Philippe à la sortie d'un cours de yoga dynamique que je venais de suivre.

– Oui, avec plaisir, lui répondis-je.

Mais j'étais surpris par cette proposition. Je savais que Philippe n'avait partagé ses voyages en Inde qu'avec des personnes qu'il respectait voire admirait pour leur courage et leur persévérance dans la recherche qu'elles avaient entreprise. Il m'avait souvent parlé de son dernier voyage où il fut accompagné par un de ses étudiants, le plus fidèle et le plus sincère. Pour moi, cette proposition était une marque de considération, reconnaissant mon potentiel et le sérieux de ma motivation. Il faut dire que c'est un enseignant plutôt dur. Rigoureux, incisif, ne laissant rien passer, avare de compliments et sachant manier le verbe avec un ton sarcastique pour nous remettre à notre place. Il aime son statut, et aime le rappeler régulièrement. C'est lui le « maître », bien qu'il n'emploie jamais ce terme, et nous sommes les élèves.

– Pratiquez et un jour vous comprendrez !

Peu de réponses aux questions et si il y a réponses, elles sont évasives et floues. Mais c'est sa méthode et elle marche. On y adhère ou pas mais pas de demi-mesure. Bref, j'avais accepté en restant stoïque, mais je ne savais pas tout ce que cela allait représenter.

Chapitre IV
Voyages

IV.1

Il organisa tout. Avion, transport jusqu'à notre lieu d'hébergement, réservations et un programme qu'il avait concocté spécialement pour moi.

À cette époque, tout assidu que j'étais, je ressentais profondément un blocage. Mon cœur était froid. Je ne ressentais pas d'amour. J'avais l'impression d'être détaché, de comprendre cette notion de détachement, je me trompais. Philippe le savait et il avait prévu de m'aider à libérer ça en Inde.

Le détachement est une notion souvent mal comprise. Il s'agit d'élever sa capacité d'aimer. L'élever à un tel point que cet amour n'engendre plus de lien, au sens propre du terme. On aime l'autre sans lui imposer nos propres perturbations, on aime l'autre quel qu'il soit, on ne juge pas, on accepte, on ne prend pas, on donne. Et ceci est valable pour toute la création, tous les êtres vivants. À ce niveau, nous sommes libérés de la souffrance, nous vivons en état de paix et d'harmonie permanente.

Départ de Nice, direction New Delhi. J'avais eu du mal à préparer mes valises car je ne savais vraiment pas à quoi m'attendre et comme Philippe aime bien mettre ses amis dans la difficulté, il m'avait donné le quota vital de conseils, mais pas plus. Nous devions atterrir à Delhi et une voiture devait nous y attendre pour nous conduire à DehraDun, capitale de la province de l'Uttarakhand, au pied de l'Himalaya. Songtzen Library était notre destination exacte. À deux cent cinquante-cinq kilomètres de Delhi. C'est un endroit de retraite tenu par des bouddhistes qui accueillent les chercheurs spirituels de toutes confessions. La spécialité de cet endroit est de recueillir toutes les œuvres littéraires tibétaines possibles, pour, premièrement, les conserver à l'abri de la destruction par les chinois qui, voulant exterminer le peuple Tibétain, détruisaient systématiquement toute leur culture ; et deuxièmement, traduire ces livres en anglais pour rendre cette connaissance accessible au plus grand nombre et partager ce savoir millénaire.

Nous arrivons à l'aéroport de Delhi vers dix heures du soir. L'ambiance est particulière. Dès la sortie de l'avion, l'aérogare ne ressemble à rien de ce que j'ai vu jusqu'à présent. Nous traversons le contrôle d'immigration et l'accent du douanier me fait sourire. L'accent Indien m'a toujours fait rire et le mouvement latéral de la tête qui accompagne leur discours est à se tordre de rire. En occident, nous avons l'habitude d'accompagner nos oui avec un mouvement de flexion et extension de la tête ou un « non » avec une rotation de celle-ci. Eh bien, en Inde, ils laissent tomber leur tête sur leurs épaules de droite à gauche ce qui pour nous n'a aucun sens ou pourrait signifier « p'têt bien »

J'ai l'impression d'avoir fait un bond dans le temps et de me retrouver aux débuts de l'aéronautique. Un dénuement total. Nous prenons une pause. Nous nous asseyons car en sortant du corridor qui mène de la zone passagers à la zone accessible à tout le monde nous n'avons pas repéré notre chauffeur, censé nous attendre avec une pancarte à nos noms.

– Bienvenue en Inde ! me lance Philippe. Ca commence, pas de chauffeur en vue !

Je suis déboussolé.

Après quelques minutes d'attente, Philippe va jeter un œil à l'extérieur du terminal pendant que je garde nos bagages que nous avons récupérés (et c'est une bonne nouvelle car les bagages se perdent souvent en Inde)

– Le chauffeur nous attend à l'extérieur, il faut se dépêcher de le rejoindre ! me dit-il en trottinant vers moi.

Nos sacs sur le dos, nous nous dirigeons vers la sortie. Les portes s'ouvrent devant moi et là un spectacle époustouflant s'offre à mes yeux éblouis. Lumières vives, bruits de klaxons, une foule immense grouille agglutinée derrière les barrières. Les gens qui crient, ou plutôt qui haranguent les touristes, certains pour proposer un taxi, d'autres un bus, d'autres encore qui mendient en se lamentant. Il fait nuit, le ciel est d'un noir complet au-dessus de cette frénésie qui m'impressionne.

– Reste prés de moi et marche vite, me dit Philippe, le chauffeur n'est pas autorisé à nous récupérer ici alors il faut que nous allions à pied vers le parking visiteurs à deux cents mètres d'ici.

Je me cale dans son pas, la tête basse et le suis sans demander mon reste. Les Indiens nous suivent sur quelques mètres et je ne comprends rien si ce n'est quelques mots en anglais qu'ils nous jettent : « taxi ? taxi ? » « please, please »

Une certaine peur monte en moi. Je suis fatigué par le voyage mais cet accueil a quelque chose de traumatisant qui vous réveille brusquement. L'adrénaline monte, le corps se met en mode de défense. Nous arrivons au parking, plus calme, et je découvre une vieille voiture sans âge, sans marque aussi, et dans un état plus que douteux. Peu importe, nous jetons les bagages dans le coffre et nous engouffrons à l'arrière. Portes fermées, les bruits deviennent plus sourds, et nous goûtons un certain calme après cet épisode violent. La voiture, si on peut appeler ça une voiture, démarre.

– How long to get there ? me risquais-je à demander au chauffeur.

– Le temps qu'il faudra, me répond Philippe car il savait déjà que le chauffeur ne serait pas très bavard.

– Entre cinq et sept heures, continua-t-il.

– C'est une sacrée fourchette que tu me donnes là ?! Et il faut tant de temps pour faire deux cent cinquante bornes ?!!

– Bienvenue en Inde mon ami, me répéta-t-il

Il était environ vingt-trois heures, heure locale, ce qui signifiait que nous allions passer la nuit dans cette poubelle sur roues. Je m'installais au mieux mais ce ne fut pas simple. Les sièges étaient recouverts d'une couverture en imitation pelage de mouton. En fait ce qui restait des sièges, car sous cette couverture, ils étaient mangés par je ne sais quoi. Plus de mousse, juste des housses déchirées et l'armature métallique rouillée. Même le plancher était troué, rongé par la rouille et caché par des tapis de sol en caoutchouc. Le voyage s'annonçait rude. Mon premier contact avec cette Inde mystique, fut très pragmatique. La dure réalité de la situation de ce grand pays m'éclatait au visage, l'Inde est un pays pauvre, très pauvre.

Au fil des kilomètres, j'assistais à un spectacle ahurissant. Les routes étaient mal délimitées et très peu goudronnées. Dans le ballet des phares se croisaient tous types de véhicules. Des camions Tata qui transportaient diverses marchandises. Chargés à ras bord, ils servent aussi à quelques personnes qui, s'accrochant tant bien que mal, voyagent gratuitement sur des trajets plus ou moins courts. Les chauffeurs de ces camions sont réputés pour consommer des feuilles de coca en quantité ! Ils mâchent cette plante « énergisante » toute la journée pour éviter de s'endormir au volant car ils sont obligés de travailler un grand nombre d'heures afin de subvenir aux besoins de leurs familles souvent nombreuses.

Des bus, sales, sans âge, toujours remplis à ras bord par le contrôleur local qui harangue la foule en passant pour qu'il y ait toujours plus de monde dans le bus, promesse de plus d'argent pour lui et le chauffeur. Leur rituel est stupéfiant à voir. Il se livre à des acrobaties, saute du bus en marche, y remonte en courant ; dans sa main, un paquet de billets rangés entre ses doigts, dans ses poches, un tas de pièces, il n'arrête jamais de parler, il n'arrête jamais de bouger, une vraie pile électrique ! Il tape sur la carrosserie du bus pour le faire s'arrêter et redémarrer, le code est au point. Le chauffeur se laisse guider par ces cris et ces bruits car il n'y a pas d'arrêt de bus ou peu et le chauffeur ne fait que suivre les consignes du contrôleur. Ce ballet est extraordinaire. Nous croisons aussi beaucoup de deux roues, souvent chargés de plusieurs personnes mais aussi transportant des chargements hors normes. Sur une de ces motos, une meule de foin tellement énorme que nous avons du mal à distinguer le chauffeur sur sa machine ! Nous croisons aussi toutes sortes d'animaux. Des vaches, bien sûr. Sacrées en Inde, elles sont respectées au point que si l'une d'entre elles décide de s'allonger en travers de la route, on arrête la circulation et l'on prend toutes les précautions du monde pour la faire bouger. Des bœufs attelés à de grosses charrettes. Des chevaux, des ânes, et même… des dromadaires ! Quelle ne fut pas ma surprise quand je vis cette grande bête déambuler nonchalamment sur le bord de la route. Je m'en frottais les yeux pour être sûr de ne pas rêver. Des chiens, beaucoup de chiens, et toute cette ménagerie se partageait la chaussée. Sur une route qui est censée accueillir deux voies, quatre rangs se font face. L'évitement à la dernière minute est légion, la confiance de chacun est nécessaire.

Pour l'occidental que je suis, tout ça n'a pas de sens, tout ça est dangereux, une folie. Mais pour eux tout va bien, c'est normal, et on accepte tout cela avec sourire et une grande foi. Tous les véhicules sont munis d'un petit autel : soit une petite statue, soit une image collée sur le pare-brise, soit un mala (rosaire indien) avec une médaille et chacun vénère son dieu ou sa déité et s'en remet totalement à sa protection. Les Indiens sont très croyants. À majorité hindouiste, ils ont un panthéon très vaste qui s'offre à eux. En fonction des situations, ils iront faire une offrande à telle ou telle déité qui leur offrira écoute, protection et si leur karma le veut, la réalisation de leurs souhaits. Dans les véhicules, cette protection prend tout son sens !

La route est longue, ponctuée d'arrêts impromptus où le chauffeur éteint son moteur sans un mot, puis, après quelques minutes, repart. Quelques fois, il quitte la voiture en nous faisant un geste de la main vers sa bouche : « food, food ? » Nous secouons la tête en signe de non, abasourdis par la situation.

IV.2

Nous arrivons enfin à destination. Il est quatre heures du matin et il fait nuit noire. Nous arrivons à l'entrée de Songtzen Library fermée par un large portail blanc. Une guérite. Nous réveillons le garde qui, d'ailleurs, ne garde rien du tout et il nous dit que tout le monde dort et qu'il ne pourra pas nous faire rentrer avant six heures! Nous venons de faire plus de cinq heures de route dans un taxi abominable, sur des routes chaotiques et pour couronner le tout on nous laisse à la porte! Je sens une certaine colère monter en moi et j'explique vigoureusement au garde que nous n'avons pas d'endroit où aller et qu'il faut trouver une solution. Il réfléchit, incline sa tête de droite à gauche et nous propose une place dans son petit baraquement en attendant le réveil du responsable des lieux. Nous acceptons et je me trouve bête d'avoir haussé le ton sur cet homme. C'est une petite guérite, il n'y a de la place que pour une personne mais notre hôte se met en quatre pour nous installer avec le maximum de confort. Une caisse par ici, deux couvertures par là et nous voici entassés l'un sur l'autre sous le sourire lumineux de notre nouvel ami. Je suis gêné, il est presque dehors et debout quand nous sommes assis et sous une couverture. Mais rien n'y fait. Il nous offre son espace pour notre bien-être. La légendaire philosophie de l'Inde nous touche dès nos premières heures sur son sol. Il est vrai que dans ce pays les habitants ont développé l'aide aux autres. Ils vous donneront toujours le meilleur de ce qu'ils ont si vous êtes leur invité. Ils sont capables de s'oublier au profit de leurs hôtes. Nous somnolons plus ou moins en attendant l'arrivée du jour nouveau.

Peu après six heures du matin, le garde contacte le responsable des lieux qui arrive tout ébouriffé au portail. Il nous ouvre et nous guide jusqu'au bureau des admissions. Un grand rond-point couvert d'un massif verdoyant s'offre à nos yeux. Sur cet espace vert se détachent des massifs de fleurs sculptés pour laisser apparaître un texte en tibétain qui veut certainement dire: « Bienvenue ». Notre hôte récupère les clefs de nos chambres et nous guide jusqu'à celles-ci. Ce sont de petites maisons sur deux étages de couleur rouge. Il y a cinq bâtiments qui peuvent accueillir les méditants dont un est réservé aux résidents longue durée.

Certains moines bouddhistes viennent ici pour s'isoler et entreprendre de longues méditations durant plusieurs mois et trouvent le nécessaire, un toit et de la nourriture pour s'abandonner à leurs pratiques. Nous montons l'escalier et nous prenons possession de nos chambres qui sont mitoyennes.

– Posez vos bagages et venez prendre le petit déjeuner, nous conseille notre guide.

– Avec grand plaisir, répondis-je

La route m'avait creusé l'estomac et j'avais faim!

Pour aller vers le réfectoire nous passons devant le bâtiment qui abrite la librairie. Magnifique édifice en pierres, surélevé par une petite tour centrale, on y accède par des marches en marbre qui finissent sur une immense porte de couleur rouge vif ornée de deux poignées en bronze représentant une tête de dragon. Une anse décorée de pièces de tissus multicolores tressés en lanières finit cette petite œuvre d'art. Les moines avaient l'habitude de tourner autour de ce bâtiment en égrainant leurs malas et en récitant des mantras.

Les mantras sont des mots ou des phrases chargés d'une énergie particulière qui agissent sur notre inconscient. Il y a différentes sortes de mantras en fonction de l'action que l'on recherche. Il existe ce que l'on appelle le Mantra Yoga, codifié dans les Srutis (une partie des Védas). On les décrit comme des formules magiques pouvant soigner toutes les pathologies que ce soit du corps ou de l'âme. Au-delà de ça, la vibration émise par la répétition du mantra agit sur la vibration des molécules qui constituent notre corps, notre matière, et harmonise ce qui a besoin de l'être. Le « OM » est peut-être le plus célèbre d'entre eux: OOOOOOMMMMMMMMMmmmmm.

Ces moines répétaient souvent le mantra: « Om Mani Padme Hung » qui est le mantra de la compassion relié au Bodhisattva Avalokiteshvara ou Tchenrezi en tibétain. J'appris plus tard qu'un petit temple se trouvait sur le toit de la librairie (dans la tour centrale) avec une magnifique statue représentant ce bouddha. Un Bodhisattva est un être éveillé, un Bouddha, qui a décidé de rester dans le monde pour transmettre ce qu'il a expérimenté et aider tous ceux qui le désirent à accéder à l'éveil.

Ce mantra, ce Bodhisattva, allait devenir très important dans ma vie.

Nous voilà arrivés au réfectoire pour notre petit déjeuner. Philippe m'avait prévenu que le confort serait minimum et que la nourriture serait spartiate. Une salle immense sert de cantine, les marmites sont posées sur une table et on nous explique qu'il faut que l'on aille se servir. Je ne reconnais rien de ce qui est proposé sauf pour le riz qui emplit l'une d'elles. La table est recouverte d'une nappe de papier blanc, et les plats qui ont servi à faire réchauffer leurs contenus sont en métal usé. Nous prenons une assiette et nous servons d'un peu de tout, bien que ne sachant pas vraiment ce que l'on nous propose. Quelques-uns des résidents sont présents et nous saluent d'un signe de tête que nous rendons accompagné d'un timide sourire. Nous nous asseyons à une longue table déjà garnie de quelques personnes. Je mange, tout en regardant autour de moi, curieux de tout, avec la légère anxiété qui accompagne toute nouvelle expérience. Tout est salé, pas de sucre comme dans mes petits déjeuners habituels. Un peu de riz, une mixture qui ressemble à des légumes et des céréales mixés, mais je n'en suis pas sûr et une sorte de croissant de pâte très peu cuite qui n'a aucun goût et n'est pas facile à manger.

Nous sommes heureux d'être là dans cette ambiance particulière, imprégnée de sérénité.

Après cette collation, nous retournons à nos chambres défaire nos valises et prendre possession des lieux. Je décide de me rafraîchir un peu avec une petite toilette et je me lave les dents.

Première erreur.

Ne jamais se laver les dents avec l'eau du robinet en Inde ! L'eau n'est que rarement potable et vous avez toutes les chances de tomber malade.

Et bingo, quelques heures plus tard mon estomac se tord, je cours aux toilettes et commence à me vider. J'ai la chance de n'avoir pas bu l'eau et donc cela ne durera que deux jours, avec quelques cachets. J'ai frôlé le pire mais je m'en sors bien. Je profite de mon obligation de rester proche des sanitaires pour visiter notre endroit de résidence. Tout est calme, paisible et la vie s'organise autour de l'office. Nos hôtes nous renseignent sur le fonctionnement des lieux, sur la façon de partir visiter la région et sur ce que nous pouvons trouver autour. Philippe, étant déjà venu, retrouve l'équipe de cuisine qui n'a pas changé depuis son dernier passage et les retrouvailles sont amusantes à voir. On nous offre un morceau de concombre en signe de bienvenue, mais le légume est lavé à l'eau et nous essayons par tous les moyens de ne pas le manger, sans y arriver, car ils nous invitent expressément à y goûter.

La librairie contient, au rez-de-chaussée, les livres classiques de la spiritualité que nous pouvons étudier et, au premier étage, les livres précieux qui ne peuvent être consultés que sur demande et réservés aux personnes faisant des recherches ou aux moines résidants chargés de la traduction et de la préservation de cette littérature tibétaine rare.

– Viens par là, il faut que je te montre quelque chose, me dit Philippe.

Nous montons un petit escalier qui mène sur le toit. Au centre de cet édifice il y a comme une petite maisonnette surmontée d'un joli toit décoré. Nous y pénétrons par une porte vitrée d'un verre opaque qui ne laisse pas voir au travers. Une petite pièce s'offre à nous. Haute de plafond. En son centre, une vitrine qui abrite des reliques tibétaines et une maquette représentant un village de l'ancien temps. Mon regard s'enfouit dans cette vitrine quand je me sens aspiré sur ma gauche ; je me tourne, une statue d'Avalokitshvara en bois m'éblouit de toute sa splendeur. De taille humaine, surélevée sur un autel illuminé de bougies, elle est magnifique. Les mille bras s'ouvrent en couronne autour du buste, avec dans chaque main un œil, symbole de connaissance universelle et autour et au-dessus les nombreux visages s'élèvent vers le ciel. Au pied de la statue, les bols d'offrandes et de nombreuses bougies.

Je reste un instant bouche bée. Philippe m'invite à m'asseoir d'un signe de la main. Tout autour de la pièce des coussins rectangulaires couverts d'une tenture vert foncé sont installés pour recevoir les méditants. Nous nous installons en silence. Il règne une atmosphère particulière, chargée de paix et de sérénité. Il fait frais. Je ferme les yeux et me laisse aller à la méditation. Je ne sais combien de temps je restai là, assis en tailleur, mais quand je ré-ouvris les yeux, Philippe avait disparu.

La nuit tombe. Je retrouve mon ami pour le dîner. Dans le réfectoire, une table était remplie de moines bouddhistes en pleine conversation. À notre arrivée, ils se retournent comme un seul homme vers nous et stoppent leur discussion. Ce qui fut un peu intimidant. Dans la seconde qui suivit ils nous offrent un large sourire et retournent à leurs bavardages. Une fois servis, ils nous invitent à leur table. De tous âges, et il fut difficile pour moi de leur en donner un, parlant Tibétain, bien que certains eurent quelques mots d'anglais pour nous, ils étaient joviaux et accueillants. L'un d'eux, plus jeune, se mit à nous faire la conversation.

Il s'appelle Konchock Sherab, vient du Ladakh, et a pour mission ici de traduire les livres anciens. Le Ladakh est une région à l'extrême nord de l'Inde. Montagneuse, les conditions de vie y sont difficiles. Pas de confort, coupés du monde en hiver, les habitants vivent à la rude avec le strict minimum. Ils sont pour autant très accueillants dès qu'un étranger ose parcourir leur contrée et offrent tout ce qu'ils peuvent pour rendre le séjour agréable. Konchock nous explique son histoire, ses rêves de voyages (il aimerait découvrir l'Europe et les Etats Unis), sa vie ici à Songtzen. Il nous donne quelques conseils sur les rites à suivre aux alentours et nous conseille d'aller voir le village de réfugiés Tibétains à cinq cents mètres en contrebas de la route principale. Philippe connaît cet endroit et y a gardé un contact. Il me promet d'y aller dès demain. La discussion est agréable. Notre ami prend congé de nous en nous saluant et nous donne rendez-vous au petit déjeuner du lendemain. Nous le remercions de son accueil et lui souhaitons bonne nuit. Nous restons encore un peu dans la salle maintenant vide, en silence, peut-être un peu groggy de cette première journée indienne.

Ce pays est déstabilisant. Tous nos repères sont modifiés. Je voyage pour la première fois aussi loin et surtout dans un pays asiatique. Je me sens enivré par cette terre spirituelle, chargée de divin mais tellement pauvre que c'en est parfois choquant.

IV.3

La veille, nous avions convenu d'une heure pour nous retrouver au petit dej. Le décalage horaire ne m'a pas gêné. Je me réveille après une belle nuit avec un sentiment particulier. Je suis toujours un peu malade mais au-delà de ça, je sens une angoisse qui remplit ma poitrine. Nous ouvrons nos portes en même temps et nous retrouvons sur le palier. Philippe n'a pas l'air bien et il me dit qu'il a passé une mauvaise nuit. Je lui confirme que ça se voit et lui confie mon mal-être.

– Ce sera mieux après un bon p'tit dej ! Pensons-nous.

Mais le petit-déjeuner n'y changea rien. Je suis toujours malade et je broie du noir.

– Je vais rentrer dans ma chambre me reposer car ça ne va vraiment pas, confiai-je à Philippe

– Ok, je vais moi aussi retourner me coucher, me répondit-il avec une voix chevrotante et un teint blafard.

Nous passons toute notre matinée dans nos chambres. À midi je décide d'aller vers le réfectoire pour essayer de manger quelque chose. Je tape à la porte de Philippe, pas de réponse. À la cantine, pas de Philippe. Mon angoisse prend plus de place. Je n'arrive à manger qu'un peu de riz blanc et je retourne dans ma chambre. Je tape à nouveau à sa porte, toujours pas de réponse. Les questions arrivent dans ma tête :

– Mais qu'est-ce que je fous là ?! Je ne serais pas mieux chez moi ? Qu'est ce qui m'a pris d'accepter de le suivre dans un pays de sauvages coupé de tout ?! Bordel mais j'suis vraiment con des fois ! Il faut que je trouve un moyen de rentrer chez moi, j'en ai marre !

Je me laisse envahir par mes émotions. Je ne suis plus du tout objectif. Je panique. Je me sens abandonné, seul et prisonnier. J'essaie de me raisonner mais je n'y arrive pas car le stress est trop présent, le mental m'aveugle et je ne vois pas la situation telle qu'elle est mais telle que la charge émotionnelle découlant de ma Tourista et de ce que cet endroit inconnu m'inspire. Je me mets un enregistrement de yoga nidra dans les oreilles en espérant que cela me calmera. Ça marche, enfin, un peu.

Après cette séance guidée de relaxation je me sens mieux, mais je n'ai plus qu'une idée en tête, changer mon billet d'avion pour rentrer au plus tôt chez moi. Je ne peux pas rester trois semaines ici, c'est impossible, je vais y laisser ma peau !

On frappe à la porte. J'ouvre, c'est Philippe. Il n'est pas beau à voir.

– Mais où étais-tu passé ?! lui demandais-je en colère.

– J'étais allé faire un tour

– Et tu ne pouvais pas me prévenir, je me suis inquiété !

– Je ne voulais pas te déranger pendant ton repos, me répondit-il calmement pendant que je m'énervais de plus en plus

– Et pour le déjeuner tu étais où ?!

– Je m'étais assoupi et j'ai loupé l'heure du service

Sur ces mots, je me calme quelque peu. Je l'invite à entrer et lui explique ce que je ressens. Il m'explique alors que lui non plus ne va pas bien et que ses derniers déboires amoureux lui pèsent et l'angoissent.

Il avait rencontré, quelques semaines avant notre départ, une magnifique jeune femme dont il était tombé amoureux fou. C'était la première fois de sa vie qu'il ressentait cela pour une femme. Malgré son parcours de vie, son investissement dans la vie yoguique, il n'avait pu résister aux charmes de cette ensorceleuse qui avait conquis son corps, son cœur et son âme à une vitesse incroyable. Cette situation nouvelle et inattendue l'avait totalement déstabilisé, en tout cas bien plus qu'il ne voulait le laisser paraître. Ce voyage était donc tombé à un moment des plus inopportuns pour sa nouvelle romance. Comprenant plus ou moins ce qui lui arrivait, il essayait de tempérer tout cela pour garder la tête froide et se servait du mieux qu'il pouvait des enseignements qu'il avait reçus pour gérer ette situation inconnue.

Mais en Inde tout prend un relief différent. Nos plus grandes peurs sont exacerbées et nos faiblesses mises en lumière. Je pense que c'est pour cela que l'on dit que pour mettre un pied sur cette terre sacrée il faut y être préparé ! Maintenant, je comprends.

Il m'explique que cette femme est dans sa tête en permanence, qu'il a peur de la perdre en étant ici et qu'il est d'accord pour essayer de changer nos billets d'avion pour rentrer plus tôt.

Je ne m'attendais pas à ça.

Nous restons tous deux quelques longues minutes assis par terre dans le silence. L'odeur de l'encens remplissait la pièce qu'un long rayon de soleil coupait en deux. La pièce devait faire quinze mètres carrés. En rentrant, une fenêtre sur le mur de droite donnait sur le rond-point de l'entrée et une porte, en face de la porte d'entrée, s'ouvrait sur un petit balcon qui nous permettait d'apercevoir l'école d'études bouddhiste qui était de l'autre côté du chemin d'accès à Songtzen. À la gauche de cette porte, une autre fenêtre sous laquelle était posé le lit. Une grande moustiquaire coiffait ma couche et une petite table ronde en plastique servait de table de chevet. Au sol, un grand tapis bleu bordé de rouge, parsemé de motifs tibétains. Le carrelage était blanc crème, les murs en briques rouges. Les sanitaires, pavés de petits carreaux blancs au sol et au mur comprenaient une pomme de douche sans bac à douche (le sol était fait de telle façon que l'eau s'écoulait vers une bonde dans le coin de la pièce), un lavabo surmonté d'une armoire à pharmacie garnie d'un miroir et un WC occidental (pas de simple latrines comme traditionnellement en Inde et ça, c'était un vrai luxe). Assis au milieu de la chambre, l'âme en peine, nous n'étions plus que deux hommes faibles, guidés par leurs peurs.

J'étais moi-même émotionnellement fragile. J'avais rencontré une belle jeune femme presque deux ans avant ce voyage. Elle était magnifique, avec de grands yeux lumineux et un petit sourire tendre. Notre relation avait pris une belle tournure, nous vivions ensemble et depuis mon mariage c'était la première fois que je faisais à nouveau confiance à une femme. Après un début de relation doux et tendre elle ressentit l'envie d'aller plus loin dans notre couple et son objectif était alors d'avoir un enfant et de se marier. Objectif qui n'était pas partagé. Je n'étais pas encore prêt à redémarrer une vie comme celle-là. Je n'étais pas sûr d'avoir envie d'enfant et vu l'échec de mon premier mariage cela ne me rassurait pas ! Je pris le parti de lui expliquer tout cela et de lui demander d'être patiente car je savais que cela pouvait évoluer pour rejoindre ses envies. Elle acquiesça.

Quelques semaines avant mon départ elle tomba amoureuse d'un de ses collègues de travail. Elle était policière et elle passait beaucoup de temps avec les mêmes collègues masculins. Un de ces hommes lui courait après depuis quelque temps, je m'en doutais quelque peu mais n'avais aucune arme pour faire quoi que ce soit. Elle ne me dit rien avant mon départ, elle ne me dit rien pendant mon séjour, mais je sentais que quelque chose se préparait. J'apprendrais, à mon retour, toute l'histoire.

Après avoir essayé de téléphoner partout pour changer nos billets nous arrivâmes à la conclusion que cela n'allait pas être possible et qu'il allait falloir prendre notre mal en patience. Quelques secondes d'abattement suite à l'échec d'un retour plus rapide, puis je ressentis en moi un regain d'énergie :

– Nous allons planifier notre séjour et en profiter au mieux, dis-je d'un ton sec et dynamique en me levant. Philippe acquiesça et me rejoignit dans cette énergie nouvelle.

– Allez, un brin de toilette et on bouge ! Renchérit-il.

Comme il était déjà tard, direction le bâtiment principal pour quelques circumambulations qui nous redonneraient de l'énergie avant le dîner. Il y avait là un vieux moine, petit et recourbé qui tournait d'un pas rapide et dynamique. Il marmonnait ou plutôt, il répétait à voix basse un mantra.

– Om mani padme hung, Om mani padme hung, ommanipadmehung, ommanipadmehung, un son continu émanait de ce petit bonhomme sans âge et au-delà du son, une vibration. Il portait un chapeau rond avec de larges bordures qui cachaient quelque peu son visage. Il avait un mala en main qu'il égrainait frénétiquement. La vibration rayonnait de tout son être. Il était dans une sorte de transe dans laquelle il ne percevait plus son corps qui, vu la façon dont il était recroquevillé sur lui-même, devait être perclus de douleur. Il ne marchait pas il flottait. Nous prîmes son rythme et happés par cette énergie, la répétition du mantra s'installa en nous. Nos mains dans le dos, le regard à un mètre devant nos pieds, nous nous laissâmes aller à cette énergie qui nous remplissait. Après quelques minutes et plusieurs tours, le petit homme disparut, l'atmosphère changea et nous rompîmes la pratique.

IV.4

Le jour se lève pendant la pratique de ma Sadhana. Un jour nouveau. Une énergie nouvelle. La connexion avec cette terre bénite prend place. Ma pratique, ce matin, a un goût différent. Je me sens en forme et plus en paix. Je vois ma chambre autrement et même si au moment d'enfiler mes chaussures je me retrouve de nouveau face à une blatte énorme, grosse comme un pouce, j'accepte la situation, j'accepte l'aventure, laissant mon égo de côté, et me vide de moi-même.

Après le p'tit dej, nous sortons enfin de l'enceinte de Songtzen pour aller prendre l'air et commencer à visiter notre environnement proche. Un chemin de terre, qui longe le mur blanc chauffé par le soleil, nous mène vers la route principale. Sur notre gauche et en arrière, l'école d'études bouddhistes, devant nous, des champs à perte de vue. Le long de cette route de terre, diverses habitations. Quelques-unes en dur, de vraies maisons à divers degrés de finition. Certaines n'ont que les murs et le toit, mais cela n'empêche pas la vie dedans, tandis que d'autres sont presque terminées, portes et fenêtres installées. D'autres encore ont l'air totalement finies bien que la plupart n'aient pas de façade peinte, luxe réservé aux plus riches. Quelques animaux : des chiens, toujours présents en Inde, errants pour la plupart et squelettiques, malades et pitoyables ; des vaches, bien sûr, libres et maigres, mais respectées donc ayant le confort nécessaire ; quelques poules qui gambadent entre les habitations. Puis les indiens les plus pauvres, abrités sous des sacs-poubelle attachés les uns aux autres à l'aide de quelques ficelles de récupération. Le sol de terre battu, quelques ustensiles trouvés, rafistolés pour pouvoir faire cuire au feu des bouses une nourriture trop rare. C'est dur de voir ça. C'est cruel. Injuste. Une certaine colère monte en moi et laisse rapidement place à la tristesse. Je me rappelle du système de castes qui régente l'Inde. Les intouchables sont les plus pauvres. Ils n'ont pas l'autorisation d'évoluer. Ils ne peuvent rien faire pour changer leur sort de naissance. Ils sont les moins que rien de la société, uniquement là pour les plus basses besognes, uniquement là, dans cette vie, pour espérer une réincarnation plus élevée dans leur prochaine vie. C'est difficilement compréhensible pour un occidental qui, dès ses premières années, est poussé à l'excellence, poussé à réussir, poussé à être parmi l'élite, à évoluer, à s'enrichir, à posséder !

Eux ne rêvent à rien d'autre qu'à être bons dans cette vie pour être à la hauteur lors de leur mort. Être dignes d'un passage vers une vie meilleure. Accepter leur condition, la vivre au mieux, mourir sans regrets, fiers d'avoir su vivre ce que l'univers avait choisi pour eux.

Nous arrivons après dix minutes de marche à l'avenue principale. Les bas-côtés sont remplis d'ordures, de sacs plastiques et d'emballages de toutes sortes. Au croisement de ces deux rues, une échoppe qui propose un peu de tout. Les murs et le toit sont faits de tôles gondolées, le comptoir d'une planche peinte de couleur sombre sur laquelle sont proposés à la vente tout un tas de produits divers et mystérieux. Nous prenons une bouteille d'eau chacun. Il est dix heures du matin mais il fait déjà chaud en ce mois d'avril. Philippe me propose de descendre vers le village tibétain en bas de cette route. J'acquiesce avec un sourire non dissimulé. J'ai, plus jeune, lu beaucoup d'ouvrages traitant du bouddhisme, et, je ne sais pourquoi, le bouddhisme tibétain revenait souvent. L'idée de pouvoir visiter un village tibétain et de m'immerger dans leur culture m'enchantait. Pendant notre marche Philippe m'expliqua que c'est un village de réfugiés. Ils avaient fui l'oppression chinoise, traversé la frontière, et l'Inde les avait accueillis acceptant qu'ils s'établissent en village. Cet éclairage calma mon impatience et remit les choses à leur place. Ces gens n'étaient pas là par choix mais par obligation. Ils ne vivaient pas une belle vie, ils survivaient au mieux. Sur ces mots, mon esprit se mit à flotter et mes pensées m'emmenèrent vers le Tibet. Pays voisin, opprimé par un gouvernement chinois totalitaire qui détruit toute la culture tibétaine, ses monastères et ses lieux de culte qui emprisonne et torture des moines, exécute sans peur les érudits qui auraient l'audace de s'opposer au régime. Ce pays commet un génocide par un régime de la terreur en installant ses citoyens les plus conservateurs dans un

Tibet à feu et à sang, désemparé et aux abois. Tout cela, à la vue et au su de tous. Tout cela, sous l'œil des plus grandes puissances du monde qui s'indignent mais ne font rien. Tout cela, car ces puissances n'ont pas d'intérêts dans cette région.

Peu comprennent l'équilibre énergétique du monde. Les Tibétains sont un peuple pacifique qui prône la non-violence. Un peuple spirituel qui prie et lance une belle énergie à travers l'univers. Un peuple qui aide à garder un équilibre entre la décadence du monde matérialiste occidental qui n'a plus d'autres valeurs que l'argent, et la beauté des valeurs de cœur. L'extinction de ces peuples menace l'équilibre de notre monde.

Nous arrivons à l'entrée du village délimitée par une grande arche en béton décorée par quelques drapeaux de prières multicolores. Une rue s'offre à nous, bordée de magasins divers, d'habitations (les habitations servent souvent de boutiques et vice versa). Les gens nous regardent interloqués car il y a peu de touristes dans cette région. Nous déambulons à travers les rues peuplées d'animaux autant que d'enfants qui courent en jouant. Puis, au détour d'une rue, nous décidons de demander l'endroit où nous pourrions trouver le chef de village. On nous comprend à peine mais on nous indique une maison. Philippe avait sympathisé avec cet homme qui gère le village lors de son dernier voyage ici et avait gardé contact par courrier. Nous arrivons devant une petite maison. Une cour à côté du bâtiment attire notre regard. Mais rien. Nous essayons de voir si quelqu'un est présent, toujours rien. Bredouilles nous repartons avec la résolution de revenir plus tard pour tenter à nouveau notre chance. En remontant la route vers Songtzen, j'observe avec plus d'attention les paysages et les gens. Nous croisons une vieille femme, petite, avec des lunettes plus grosses que son visage, une grande ombrelle sur l'épaule et portant les habits traditionnels tibétains. Chemise blanche sous une robe grise et le tablier de rectangles multicolores noué à la taille. Elle marche d'un pas lent et court dans de petites mules usées. Au moment de la croiser, elle lève le regard vers nous. Je lui offre mon plus beau sourire et elle baisse le regard continuant, impassible, son chemin. La route est bordée d'arbres sur lesquels il a été peint deux bandes rouges enserrant une bande blanche, probablement pour éviter les accidents lorsque la nuit efface tous les repères habituels. C'est plutôt calme ce matin, nous ne croisons que peu de véhicules.

Après le repas du midi, Philippe me propose d'aller voir un temple bouddhiste tout proche qui accueille les touristes lors des cérémonies rituelles, les Puja, et dans lequel il avait eu l'habitude d'aller méditer.

Nous rejoignons la route principale pour la remonter vers le nord sur deux cents mètres puis nous la traversons pour emprunter un chemin large qui monte vers une petite colline. Nous croisons deux écoles. L'une, assez spartiate avec quelques murs délabrés accueille une vingtaine d'enfants assis en tailleur à même le sol. L'autre, beaucoup plus grande et imposante, fermée de larges grilles et gardée par un homme armé dans une guérite à côté du portail d'entrée. Les étudiants qui vont et viennent sont habillés en uniforme ce qui dénote une certaine richesse. Cette école est réservée à ceux qui ont de l'argent, en tout cas suffisamment, pour envoyer leurs enfants dans un collège de ce standing. Contraste toujours fort et marqué en Inde.

La route continue vers les hauteurs, avec cette chaleur intense nous respirons plus difficilement et adaptons notre pas. Cent mètres avant d'arriver à l'enceinte abritant le temple se trouve une petite bicoque, sorte d'épicerie, qui propose du tchai. Nous nous y arrêtons.

– J'avais l'habitude de prendre mon Tchai ici, alors faisons une pause, me dit Philippe.

Je ne m'y serais jamais arrêté seul. Quelques chiens faméliques rôdent autour. Et trois chaises en plastique blanches mais noires de crasse incrustée, attestant du nombre d'années de service ainsi qu'une petite table en métal rouillé constituent les commodités d'accueil. Je rechigne un peu mais je m'installe sans un mot. Philippe sourit.

– Two Tchai, please, lance-t-il au vieil homme derrière son comptoir.

– Yes sir, lui répond notre hôte avec le balancement de tête traditionnel

J'apperçois la marmite qui sert à la cuisson de cette boisson traditionnelle à base d'épices et de lait. Je ne sais depuis combien de temps cela cuit car ils ont l'habitude d'en boire toute la journée et de rajouter au fur et à mesure les éléments nécessaires. Il nous sert dans deux verres qui, à l'origine, devaient être transparents. Ce n'est plus le cas et cela n'engage pas à poser ses lèvres dessus.

Avec le recul, je peux dire que nous n'avons jamais été malades malgré notre habitude de nous arrêter dans cette échoppe, et que la conception de l'hygiène ici est certes différente mais le respect qu'ils ont pour l'être humain les force à prendre plus de précautions pour les étrangers que pour eux-mêmes.

Après cette pause tchai, nous repartons vers le temple qui n'ouvre ses portes aux étrangers qu'à partir de quinze heures. À la porte, personne pour nous accueillir. Dans l'enceinte, là encore, personne. Nous marchons à pas de velours en observant timidement autour de nous. Cet endroit est réservé aux nonnes. Il n'y a que des femmes qui ont pris refuge dans le bouddha. Dans la religion bouddhiste les hommes et les femmes sont dans des monastères différents. Ayant fait vœu de chasteté, elles évitent ainsi les distractions que pourrait provoquer la vie en commun. Une nonne sort d'une porte dérobée.

– Puja, Puja, nous dit-elle

– Yes, please, répondons-nous timidement.

Et elle nous montre le chemin d'un signe de la main nous engageant à la suivre.

Un escalier de béton nous mène à un corridor desservant tout le bâtiment au premier étage, puis nous empruntons une petite passerelle en dur qui débouche sur l'accès à la salle de pratique. Une belle et grande porte en bois rouge à l'entrée. Des draps de couleurs vives qui partent en arc de cercle du haut vers le centre et une poignée en bronze ciselée sur chacun des battants de la double porte. Elle nous fait signe de nous asseoir là et d'attendre, ce que nous faisons religieusement. Le gong sonne. Les portes des chambres alentour s'ouvrent. Et les nonnes sortent en bavardant. Le silence laisse place à un brouhaha. Elles s'activent pour venir vers le temple. Certaines, surprises de nous voir assis à l'entrée, sursautent au passage devant nous ou stoppent leurs conversations avec un regard interrogateur. D'autres, amusées, certainement les moins farouches, nous lancent de petits regards malicieux et, avec une main devant leur bouche, rigolent en échangeant quelques mots avec leurs voisines. Invités à rentrer, on nous montre l'endroit où l'on doit se mettre. La salle est multicolore. Dans le bouddhisme tibétain, on aime les couleurs. On véhicule l'aspect tantrique de cette doctrine par les drapeaux de couleurs vives, par les Tangkha, représentations traditionnelles du panthéon bouddhiste sur toile ou sur tissu, par les statues et les représentations des divers Bouddha et Boddhisattva. Au fond de la pièce une grande vitrine protège une statue de Bouddha Sâkyamuni couleur or, ainsi que quelques photos de maîtres de leur lignée et des reliques diverses.

Au centre, un petit podium sur lequel se trouve un coussin plus luxueux destiné à recevoir l'assise du maître de cérémonie. Juste en dessous, une table basse avec les instruments rituels servant à l'office du Puja. Cloches tibétaines et Dordje, livres de prières, et d'autres choses que je ne connais pas. Sur les côtés et installés en rectangle, deux rangs de coussins. Le premier est pour les plus anciens et ceux qui sont en charge des instruments de musique : tambours, flûtes, cymbales, tin-tchac (petites cymbales traditionnelles). Le deuxième, pour les novices. On nous installe le long du mur d'entrée sur de larges coussins rouges et devant de petites tables basses en bois jaune. Une des novices est en charge de servir le tchai pendant la cérémonie et nous offre le breuvage. Nous y goûtons. Et là, nos visages se tordent et montrent avec force que ce goût est horrible, ce qui fait pouffer de rire l'assistance. Leur thé est préparé différemment de ce que nous avons l'habitude de boire. Les Tibétains font bouillir les cubes de thé séché puis ils ajoutent du beurre, de la soude et du sel. Ils chauffent ensuite le tout et en remplissent de grandes théières en métal avec lesquelles ils vous servent. Le goût du sel chaud prend le dessus et c'est vraiment hors de notre champ d'exploration gustatif d'occidentaux. C'est dégoûtant.

La cérémonie commence à grand bruit. Les instruments jouent fort. Les conques sonnent, les ragdongs, longues trompettes tibétaines, résonnent. Les cymbales claquent, le tambour martèle en rythme ininterrompu. Les nonnes commencent à chanter, à réciter leurs prières en suivant le rythme du maître de cérémonie. Cela fait un bruit impressionnant. Plus qu'un bruit, après quelques instants, je ressens une vibration, une énergie véhiculée par cette vibration. Les murs, les Tangkha, les statues vibrent à l'unisson. Je ressens cela profondément en moi. Je ferme mes yeux et me laisse pénétrer par cette énergie. La méditation prend place et je ne sais combien de temps s'écoule.

Fin de la cérémonie. Silence. J'ouvre les yeux.

Puis de nouveau le mouvement. Les nonnes se lèvent rapidement et sortent en un instant. Nous nous retrouvons seuls. Une des nonnes vient nous voir et nous explique, avec un joli sourire et quelques gestes bien choisis, qu'il est temps de partir. Avec quelques difficultés nous nous levons, nos jambes endolories par cette heure passée assis en tailleur et quittons le temple. En redescendant la route nous restons de longues minutes en silence, baignant dans cette énergie, goûtant cette expérience que nous venions de vivre, vibrant encore, ressentant l'harmonie produite par cette vibration. La nuit tombe. Aucun éclairage n'équipe les routes et pour ne pas être pris par les ténèbres, nous activons le pas.

IV.5

Le lendemain nous retournons au village tibétain et cette fois, plus chanceux, le chef du village et sa femme sont là et nous attendent. Ils ont été prévenus de notre présence et ont revêtu leurs plus beaux habits pour nous accueillir. Le village est quelque peu en fête. La nouvelle de notre arrivée s'est répandue à tous les habitants et il y règne une effervescence que nous n'avions pas senti la veille. Philippe passe le premier et nous sommes reçus à bras ouverts par le chef du village et sa femme en retrait derrière lui. C'est un homme d'environ soixante-cinq ans, pas très grand comme un peu tout le peuple tibétain, cheveux blancs avec une raie sur le côté et de grandes lunettes de vue qui lui donnent un air du XIVème Dalaï-lama.

– Hello my friends, nous lance-t-il avec un grand sourire

– That was such a long time!

Philippe ne répond qu'avec un large sourire et quelques yes yes, car ces derniers jours il a un peu perdu son anglais.

Le chef serre Philippe dans ses bras comme si c'était son meilleur ami.

Je le salue à mon tour et il me serre la main chaleureusement. Sa femme nous invite à nous asseoir sur la petite terrasse devant leur maison, ce que nous faisons avec plaisir. Elle nous apporte le thé et quelques biscuits. La discussion est d'abord hésitante car Philippe a vraiment du mal à comprendre notre ami et je me lance donc dans une traduction pas évidente car l'accent tibétain en anglais est au départ déstabilisant. Après quelques instants, je m'adapte, et nous pouvons dépasser la timidité du départ pour échanger amicalement. La femme de notre ami ne s'assied pas avec nous. Elle reste debout dans son bel habit traditionnel aux teintes violettes, couleur de la spiritualité, et s'enquiert de vérifier si tout est à notre goût. Les Tibétains ont un grand sens de l'hospitalité et ils veulent toujours vous donner le meilleur de ce qu'ils ont pour que vous vous sentiez « comme à la maison ». Ils sont souriants et rieurs, n'hésitant jamais à raconter une anecdote ou une blague pour faire rire l'assemblée. Il faut se rappeler que ces gens sont en exil, loin de chez eux, qu'ils ont subi des violences et ont préféré quitter leurs terres natales, à contrecœur, plutôt que de continuer à endurer l'oppression chinoise.

Ils ont décidé de tout laisser et de tenter leur chance en Inde pour l'avenir de leurs enfants. Cependant, ils gardent le sourire et la foi. Ils restent positifs car ils savent que la vie doit être vécue comme un jeu et que s'ils traversent toutes ces difficultés, c'est qu'ils doivent le faire pour purger leur Karma (se libérer de toutes leurs actions passées impures) pour vivre un avenir meilleur dans cette vie ou dans une autre. En adoptant cette vision des choses, tout devient plus facile. Tout se décharge de la gravité que nous, pauvres êtres humains fragiles et ignorants, mettons sur les situations et les personnes. La vision de notre monde tel qu'il est prend une autre saveur. Chaque événement dans notre vie est un enseignement ! Chaque situation que nous qualifions de bonne ou mauvaise se libère de cette notion de jugement. La situation est telle qu'elle est. Point. Ce peuple a compris la notion d'équanimité. Accepter tout ce qui se présente avec le même état d'esprit. Accueillir tout sans installer une charge émotionnelle conditionnée par notre éducation et notre passé. Faire de chaque seconde de notre vie un cadeau donné par l'univers, une épreuve qui nous aide à grandir, un challenge que nous relevons avec sourire, envie et plaisir. En Inde, nous apprenons cette philosophie, nous nous en imprégnons dans notre quotidien au contact des populations locales.

Delek Sangmo, le chef du village, nous parle de Dharamsala, capitale en Inde du Tibet libre, et du Potala, siège du Dalaï-lama lorsqu'il n'est pas en voyage. Il nous explique que la situation devient, là aussi, difficile et que les échanges entre leurs villages se font de plus en plus irréguliers. Nous lui demandons ce qu'il a en vente actuellement. Il tient – comme la plupart des habitants du village – une petite échoppe d'artisanat traditionnel et a pour spécialité les objets rituels et sacrés. Il nous dit qu'il n'a que peu d'objets mais qu'il attend une livraison d'un jour à l'autre. Il nous invite à passer commande pour qu'il puisse téléphoner à ses contacts de Dharamsala et nous satisfaire, ce que nous faisons avec plaisir. Le moment de se quitter arrive et heureux de ce moment passé ensemble, nous prenons rendez-vous d'ici à quelques jours.

Les jours s'écoulent, nous avons trouvé un certain équilibre. Nous rythmons nos journées de méditations, visites diverses des alentours, Puja dans le monastère, discussions avec les moines résidants, lectures sacrées. Au bout de la première semaine nous nous sentons bien, intégrés et au rythme de l'Inde.

Les gens du voisinage qui nous regardaient bizarrement lors de nos premiers jours, nous saluent chaleureusement à chacun de nos passages et les commerçants où nous prenons l'habitude d'acheter notre eau et quelques savons ou autre sont plus avenants et cherchent moins à nous proposer des prix de touristes…

IV.6

Nous décidons lors de notre deuxième semaine d'aller visiter Rishikesh, haut lieu du yoga en Inde, voire capitale du yoga pour certains, et une des sept villes sacrées de ce pays. Rishikesh ou « la porte du pays des dieux » est une ville de l'état de l'Uttarakhand dans le nord de l'Inde pas très loin de notre lieu de résidence et à deux cents kilomètres de New Delhi. Mais en Inde chaque trajet prend l'aspect d'une aventure et je peux vous assurer que les deux heures de taxi ont vraiment été rocambolesques. Cette ville est au bord du Gange, fleuve sacré s'il en est, à trois cent cinquante mètres d'altitude, au pied des Himalaya mythiques. C'est une ville noble qui abrite un peu plus de soixante mille habitants dont une grande majorité est lettrée contrairement à la règle en Inde. Ville spirituelle, elle abrite nombre de brahmanes, caste la plus haute, qui se réservent pour la célébration de toutes les cérémonies religieuses entourant la vie des Hindous. Cette ville fut mise en lumière dans les années soixante-dix par l'arrivée de nombreux hippies qui venaient se libérer d'un carcan installé par les pouvoirs politiques devenus trop dur à supporter. Les plus célèbres d'entre eux furent les Beatles qui rencontrèrent quelques grands maîtres de l'époque dont Maharishi Mahesh Yogi, gourou du mouvement de la méditation transcendantale et qui profita de leur rayonnement médiatique pour diffuser son enseignement plus largement.

À notre arrivée, notre chauffeur nous déposa en plein centre-ville et nous précisa qu'il nous attendrait ici même. Nous avions convenu de pouvoir passer la journée sur place. Quelque peu perdus à la sortie de notre voiture, nous hésitons un moment. Puis mûs par l'énergie du lieu, nous commençons à marcher… nous découvrirons plus tard que nous avions pris la direction du Gange… Nous déambulons dans les rues animées par les boutiques diverses et variées. Charmeurs de serpents, singes – agressifs et n'hésitant pas à sauter sur un passant imprudent pour lui voler de la nourriture ou un sac mal ajusté – et tout un tas de personnages plus cocasses les uns que les autres se croisent dans le dédale de rues. Hippies drogués et perdus, Sâdhus errant dans le plus simple appareil et puis les faux Sâdhus, acteurs peinturlurés en habits de couleurs vives qui vous proposent leurs bénédictions ou une photo avec eux en échange d'un bakchich.

Les Sâdhus, les vrais, sont des renonçants.

Ils ont décidé de tout quitter pour prétendre atteindre l'éveil. Il y a divers vœux qu'ils peuvent prendre et diverses austérités auxquelles ils doivent s'astreindre. C'est un ordre dur, une communauté où la discipline est reine. Tapas, l'une des règles énoncées par les sages, qui se traduit par discipline, l'austérité dans la vie. Le dénuement qui nous aide à nous libérer des attachements est totalement vécu par ces êtres, vénérés et respectés en Inde. De nos jours, et en raison de la pauvreté, certains de peu de foi, se griment et cherchent à faire commerce en profitant de la curiosité teintée d'ignorance du touriste moyen. Mais peut-on leur en vouloir de chercher à survivre ?

Nous arrivons devant un grand pont suspendu qui traverse le Gange. Le pont de Lakshman. Il y a beaucoup de monde autour. J'observe le Gange. Ce fleuve dont j'ai beaucoup entendu parler autant en bien qu'en mal. D'un côté, les adorateurs qui le voient comme une mère nourricière et protectrice, de l'autre, les scientifiques qui testent la qualité des eaux et décrivent un potage de bactéries toutes plus dangereuses les unes que les autres. Les Indiens font tout dans le Gange. Ils s'y baignent rituellement tous les jours en s'y immergeant totalement trois fois ; ils y lavent leurs corps et leur linge ; jettent leurs ordures autant que des offrandes sacrées ; brûlent leurs morts et offrent les restes à la « mère » en espérant une libération du cycle des réincarnations à l'âme qui s'élève. Les Ghats, plateformes permettant aux Indiens d'approcher du fleuve, sont toujours très animées et accueillent toutes ces pratiques. Les femmes en saris multicolores font leur lessive, les vaches s'abreuvent, les enfants plongent et s'amusent dans cette eau infestée. En résumé, toute la vie s'organise autour des Ghats.

Nous traversons le pont. Très étroit, nous croisons les gens avec difficulté alors, quand une vache entreprend la traversée c'est,… comment dire,… pittoresque ! Sur l'autre rive, une école de yoga à flanc de colline, fermée. Quelques échoppes encore et un des faux sâdhus incroyablement coloré s'approche de nous pour nous inviter à prendre une photo. Philippe s'y colle et nous nous acquittons du bakchich conventionnel. Puis retour de l'autre côté du pont et là, ce sont les singes qui nous attendent. Certains sont impressionnants.

De larges dents, longues et effilées qui se découvrent lorsqu'ils bâillent et si je me rappelle bien un de ces nombreux documentaires sur les animaux que j'ai l'habitude de regarder, ce n'est pas un bon signe le bâillement. Un moment d'arrêt. Puis, pris dans le mouvement collectif, je me sens poussé hors du pont et j'accélère mon pas avec une esquive de tout mon corps pour passer au plus loin de ces bêtes imprévisibles ! Direction l'Ashram Sivananda.

Je savais que dans cette ville chargée d'une indescriptible énergie, Swami Sivananda, l'un des plus grands sages du vingtième siècle avait créé un ashram ou Swami Satyananda avait reçu l'initiation au purnasannyas et vécu auprès de son maître. Prendre les vœux du Sannyasin, c'est prendre des vœux de renoncement. C'est décider de s'en remettre à un maître spirituel, à une lignée de maîtres, à un enseignement qui nous aidera à atteindre l'éveil, ou tout du moins, à prétendre à cette réalisation. Ces vœux doivent être pris en conscience. C'est la décision de l'abandon de soi au divin, en choisissant un intermédiaire éveillé qui nous aidera sur le chemin, le gourou. Cette notion de gourou est mal comprise en occident car de nombreux charlatans se sont eux-mêmes qualifiés de gourous et ont profité de la crédulité des plus faibles pour répandre leur venin. Le gourou est d'abord un disciple. Disciple d'un autre gourou et cela depuis l'aube des temps. Et cette lignée est un gage de sécurité et de sérieux pour nous, novices de peu d'expérience. Swami Satyananda ne s'est jamais qualifié de gourou, il s'est toujours présenté en tant que disciple de Swami Sivananda et ce, bien qu'il ait développé une connaissance, une maîtrise et une sagesse qui lui donnaient le droit d'être appelé Guru-ji. Il fut initié à Rishikesh, par Swami Sivananda le douze septembre mille neuf cent quarante-sept et dédia sa vie à la compréhension et à la diffusion du yoga.

Les vœux du Sannyasin demandent aussi un lâcher prise. Se libérer de l'emprise du monde matériel, renoncer à un confort excessif, vivre de peu de chose et marcher sur le chemin de la connaissance de soi qui mène au Samadhi (l'éveil). Vivre dans le monde, goûter à tout ce qu'il nous propose, jouir des plaisirs, partager les peines, tout ça sans attachement, tout ça sans qu'il y ait d'empreintes en nous, sans que cela ne laisse de traces. Vivre chaque instant pleinement et ne pas vouloir les conserver, les retenir ; accepter que tout change d'instant en instant, accepter l'impermanence des choses.

Le regard tourné vers le divin qui observe le « Lîla », le jeu de la vie, sachant que rien ne nous appartient et que tout n'est qu'illusion. Un grand théâtre où nous jouons notre rôle en sachant que demain nous pourrions en jouer un autre. En sachant que demain nous pourrions nous unir au divin et sortir de ce théâtre qui a pour scène notre terre. Pour revenir au tout, revenir à l'essence, nous fondre dans cette énergie universelle et nous libérer de cette illusion, connaître enfin la source de tout, la réalité, la lumière. Voilà ce que l'on doit garder en tête lorsque l'on prend l'engagement du Sannyas. Il faut aussi développer certaines qualités comme la discrimination, être capable de savoir ce qui est juste de ce qui ne l'est pas, le détachement, et c'est pour cela qu'un sannyasin ne doit pas rester, traditionnellement, plus de trois jours dans un même lieu et enfin être mu par un désir intense de libération. Il faut aussi être calme en toutes circonstances, contrôler ses sens, avoir de l'endurance car la route est longue, et posséder une foi à toute épreuve. Tout ça ne peut s'effectuer que si notre mental est équilibré et si nous sommes totalement libérés de la société.

Pour aller à l'ashram, nous retrouvons notre taxi car il se trouve à 4 km du centre-ville et l'on aura plus vite fait en voiture. Il nous dépose devant l'entrée. De grands bâtiments blancs nous accueillent. Un large escalier nous permet d'accéder à l'entrée principale. L'énergie de cet ashram est emplie de la vibration de ces grands sages y ayant vécu, y ayant reçu des enseignements, et pratiqué sans relâche avec une dévotion pure et totale. Nous faisons un rapide tour des lieux mais nous sommes pressés par le temps car le taxi nous rappelle que nous devons être rentrés pour l'heure du dîner. Nous prenons alors, à regret, la décision de partir mais avec la ferme intention de revenir, un jour ou l'autre, pour séjourner dans ce lieu magnifique. Notre dernière semaine en Inde fut très agréable. Complètement immergés dans le monde indien, en harmonie avec les éléments autour de nous, nous goûtons chaque instant, chaque rencontre, chaque repas avec une attention nouvelle, avec un regard différent, avec cette conscience affinée qui nous aide à une meilleure compréhension. Yoga veut dire union, unité, et cela prend un sens nouveau à mes yeux. Je comprends mieux la signification de ce mot, de cette philosophie qui sous-tend ce concept.

– Et si le yoga était un outil d'éveil ?

Chapitre V
Philosophie Yogique

Retour en France. Dur. Le choc au retour est violent. Je rentre amaigri physiquement mais rempli spirituellement. La frénésie à l'aéroport est difficile à supporter. En Inde, toutes les grandes villes sont frénétiques, mais la spiritualité de cette terre et la philosophie des lieux permettent de la vivre tranquillement, sans stress. Ici, en France, c'est différent. Je sens les gens malheureux, je les sens tristes et tendus, à la limite du désespoir. Vous penserez peut-être que j'exagère mais c'est réellement le ressenti que j'eus à la descente de l'avion. Et ce sentiment fut conforté lorsque je repris mon travail. Je sentais tout autour de moi des âmes en peine qui, pour paraître dans le monde, avaient revêtu un costume trop étroit pour elles et qui se débattaient pour exister. Le jeu du monde, le « Lila » en sanskrit prenait toute sa réalité, les gens jouaient le rôle de leurs vies, ils ne vivaient pas pleinement la vie qu'ils souhaitaient et n'avaient pas réalisé qui ils étaient vraiment. J'eus beaucoup de mal à accepter ça. Ou, tout du moins, à comprendre ça. Nous passions à côté de nos vies, nous passions à côté de notre destin ne laissant aucune place à notre être profond. La peur était au centre de ces agissements. On acceptait une situation non conforme à nos attentes de peur de perdre le peu acquis, de peur de se livrer et d'accepter qui nous sommes vraiment. La peur était palpable, l'angoisse aussi. Pendant trois semaines je fus perturbé par tout cela. Puis, la routine reprit sa place. L'inconscience du monde dans lequel je vivais reprit sa place et les perturbations disparurent. Je me fondais à nouveau dans le moule et retrouvais la « normalité » des choses. Mais cette prise de conscience resta ancrée en moi. Je gardais le goût de ce que j'avais vécu, je gardais la connaissance d'une autre réalité et cela me permit de continuer mes investigations, de continuer à chercher un moyen de libération, car j'étais, plus que jamais, animé par cette énergie qui me montrait un chemin, qui me poussait à pratiquer pour m'aider à affiner ma compréhension. Je me replongeai dans mes livres. J'étais intimement convaincu que je pourrais trouver dans les écrits anciens de nombreuses réponses à mes questions.

L'une d'elle était de comprendre comment les Indiens, dénués de tout, pouvaient conserver un état d'esprit heureux. La richesse de nos pays contraste avec la pauvreté du leur, la souffrance que nous ressentons contraste avec leur bonheur, la paix qui émane d'eux contraste avec la colère qui émane de nous.

Je repris les « yoga sutra » de Patanjali. Dans sa codification du yoga, il installa en première ligne les Yama, cinq disciplines personnelles que l'on suit et qui sont universelles au-delà du temps du lieu ou de l'époque. Ahimsa : la non-violence, Satya : la vérité, Asteya : l'honnêteté, Aparigraha : la non-cupidité, Brahmacharia : la retenue. Puis les Niyama, cinq réfrènements ou les codes de conduite que décide de suivre l'aspirant spirituel dans son chemin de progression. Sauca : la pureté, Santocha, le contentement, Tapas : la discipline, Svadhyaya : l'étude de soi, Ishvara Pranidhana : l'abandon au divin. Jusqu'à présent, j'avais survolé ces deux étapes en me consacrant plus à la troisième les Asanas ou postures physiques. J'avais expérimenté le corps par un travail assidu des techniques posturales et une persévérance à vouloir l'apprivoiser car il ne voulait pas se laisser faire, mais je n'avais que peu étudié ce qui devait précéder la pratique. Sans la compréhension de ces deux points, la pratique physique devient une gymnastique sans grand intérêt. Le yoga est fait pour lier notre être profond à la conscience universelle, pas pour devenir plus mince ou plus musclé ! Mais je n'avais pas encore tout compris. Ce voyage m'avait permis de revenir aux sources et d'ouvrir mon champ de vision et d'expérimentation.

Ma pratique personnelle évolua. J'entamai une sadhana plus avancée et j'expérimentai des techniques ésotériques qui me permirent de toucher des centres plus subtils en moi et découvrir l'énergie interne, la force vitale. Parallèlement, ma façon de m'alimenter changea. J'arrêtai de manger de la viande. Moi qui étais un fan de rôti bien saignant accompagné d'une bonne bouteille de vin rouge, je stoppai aussi l'alcool. Ce ne fut pas difficile à mettre en œuvre car deux choses m'aidaient. La première fut que ma physiologie changea et je ne supportais plus la viande avec son lot de toxines, et la deuxième fut que ma vision des choses s'éclaira car la pensée de devoir tuer un être vivant pour me nourrir me mettait mal à l'aise. Dans notre monde soi-disant civilisé, nous élevons et abattons dans des conditions odieuses nombre d'animaux et, d'un pays à l'autre, les coutumes autorisent voire encouragent toujours plus de sauvagerie. Dans les Yama un des principes est Ahimsa, la non-violence ou non nuisance, et le respect de ce principe ou en tout cas la compréhension de cette notion, engage au réfrènement de nos pulsions animales et égoïstes (je l'avais perçu plus jeune après mon affrontement avec Baldoni !).

La cessation de l'omnivorisme fut donc aisée. Quant à l'alcool, j'avais été un fin connaisseur et avais goûté à beaucoup de nos spiritueux, toujours avec modération, mais j'avais suffisamment expérimenté. J'avais fait le tour de ce que je voulais savoir et connaître et je pouvais laisser ça sans aucun problème ni frustration. J'avais aussi compris que cette substance n'avait aucune raison d'être dans notre corps, alors je décidai d'arrêter de satisfaire mes sens, goût, odorat, et pris la voie du sans alcool qui dans notre société est très difficile à faire accepter. Si vous ne buvez pas d'alcool soit vous êtes malade soit vous n'êtes pas drôle et l'on vous met vite au rencard. J'ai vécu nombre de situations totalement invraisemblables autour de l'alcool et l'une des plus marquantes fut lors du mariage de l'un de mes amis. J'étais le seul invité à ne pas boire d'alcool. Tous les convives, lors des traditionnelles chansons invitant tour à tour à vider son verre d'un trait, m'ont pris à partie pour que je fasse comme eux et sur mon refus m'ont définitivement rangé du côté des débiles rasoirs incapables de s'amuser ! Bref, l'alcool sortit de ma vie et avec lui un bon nombre de mes soi-disant amis.

Par cette résolution, j'avais respecté un autre des concepts des Niyama qui est Sauca, la pureté. Dans une compréhension plus vaste, Sauca signifie se prendre en charge et ne faire que ce qui est bon pour soi. Être à l'écoute de soi pour savoir comment entretenir son corps et le garder en bonne santé. Le corps est le véhicule de cette vie pour notre âme, il faut être juste avec lui. Ne pas se laisser guider uniquement par nos sens et notre mental et savoir faire la part des choses pour garder ce véhicule en bon état, avec un fonctionnement optimal.

Pour cela il faut installer une certaine discipline de vie, Tapas. Cette discipline nous aide à affronter le monde de la façon la plus juste qui soit. Elle nous aide à éveiller nos potentiels, à faire germer les graines de nos potentialités et à nous aider à rayonner en retrouvant notre être profond.

Svadhyaya se met alors en place. L'étude de soi. Être à l'écoute de soi pour apprendre à se connaître. Comme un scientifique étudie des souris de laboratoire et note tout ce qui se passe sans jamais être affecté par la réaction, la vie, la maladie ou la mort de ses sujets, nous observons chacun de nos actes, de nos pensées, de nos émotions et sans juger nous adaptons, ajustons au mieux vers plus de vérité envers nous-mêmes. L'étude des textes anciens nous aide aussi à répondre à nos questions et à nos doutes.

Satya. La vérité. Plus que dire la vérité, c'est être vrai. Être vrai et agir en fonction de cette vérité. Accepter ce qui est et devenir maître de sa vie. Pour aller vers cela, il faut apprendre à discriminer, être capable de trouver la solution juste. La seule façon d'arriver à cela c'est la pratique consciente, l'acceptation et la confiance en soi et donc au divin.

Ishvara Pranidhana. La consécration au seigneur. Ce qui veut dire que tout acte doit être fait pour le bien du Tout et de tous. Chaque acte doit être dédié au Tout et à tous. Toutes nos actions doivent être entreprises avec foi, avec assurance, avec dévotion sans chercher à récolter les fruits de ces actions, en offrant tout au divin, à la nature. Et si nous récoltons des fruits alors réjouissons-nous et goûtons-les pleinement. Mais si la récolte n'arrive pas, alors réjouissons-nous d'avoir à nous remettre à la tâche pour une nouvelle aventure pleine et enrichissante.

Santosa. Le contentement. Quoi qu'il arrive, réjouissons-nous car tout est source d'enrichissement, car nos échecs nous aident à grandir, car si nous nous observons vraiment nous comprendrons nos erreurs et nous libèrerons de l'ignorance.

Dans mon quotidien les choses changèrent. Je me libérai de beaucoup de choses qui m'encombraient sans que, jusqu'à présent, je ne le remarque.

Aparigraha. Non cupidité. Je comprenais qu'amasser ne servait à rien d'autre qu'à se polluer. Que ce soit des biens matériels (nous avons toujours plus que ce que nous avons réellement besoin), ou des personnes qui m'entouraient, la vie sociale est souvent superficielle et je n'invente rien en disant que l'on compte souvent ses vrais amis sur les doigts d'une seule main ! Ma vie prit un vrai tournant et je pris un pas de recul pour m'éloigner du tumulte dans lequel nous nous laissons vite et souvent inconsciemment absorber.

Brahmacaria. La retenue. Ma vie devint plus simple. Je compris que, dans une certaine retenue, nous expérimentons les choses mieux et plus pleinement. Plutôt que de se laisser aller à tout et n'importe quoi, choisir peu et juste, nous permet de rentrer en contact plus profondément avec les choses et les êtres.

Asteya. Ne pas voler ou convoiter le bien d'autrui. Une vie simple vous libère de l'emprise des désirs. Se satisfaire de ce que l'on a vous évite la souffrance de vouloir toujours plus, de vouloir la vie de son voisin qui a l'air plus riche. Revenir à l'essence de la vie vous libère de l'emprise du monde autour de vous, du monde commercial, marketing, qui veut vous vendre toujours plus et qui vous crée des besoins que vous n'aviez pas.

Les Yama et Niyama prenaient un sens nouveau car je les avais installés dans ma vie ou plutôt ils s'étaient installés dans ma vie car ma pratique était intense et régulière. Je n'avais certainement pas encore percé toutes les subtilités de ces concepts – il faut une vie pour bien les appréhender – mais j'avais à mon niveau goûté à ces principes millénaires. Grâce à ma pratique quotidienne et à l'application de ces principes dans ma vie courante, je compris que je pouvais apprivoiser mon mental en contrôlant mon comportement. Il était impossible de contrôler le mental mais il était possible de contrôler mes actes du quotidien. Il était possible, bien que difficile, de faire des choix ; des choix justes. Il était possible, avec de la volonté, de prendre ce chemin de lumière qui élève mais qui demande un effort, plutôt que de se laisser aller vers le bas en glissant sur le chemin de l'ombre. Une des clefs vers le bonheur était là, prendre ma vie en main, décider, agir, être et vivre. Cette prise de conscience m'arriva lors des semaines suivant mon retour. Je m'aperçus que moi qui étais souvent malade, rhumes ou angines à répétition, je ne l'étais plus. J'avais décidé de laisser la nature prendre soin de moi. Même s'il m'arrivait un petit mal de gorge ou autre, j'observais, je comprenais d'où cela provenait, j'acceptais et je laissais passer. Au bout de quelques jours les symptômes disparaissaient aussi vite qu'ils étaient arrivés. Dans cette période, j'avais décidé de ne plus voir de médecin allopathique. Je voulais expérimenter l'énergie en moi, la force vitale. Chaque maladie a une raison psychologique. Un événement dans ma vie me contrariait, une angine, un désordre alimentaire, un rhume. Je trouvais une résonnance dans mon corps à mes actes et à mes rencontres. Cela fut étonnant et en même temps encourageant. La maladie n'est qu'un message apporté par le corps pour prendre conscience d'un déséquilibre.

Si nous écoutons le message et que nous nous étudions, Svadhyaya, nous trouvons la cause et par cette mise en lumière, la maladie perd de sa puissance pour, en quelques jours, disparaître. Nous pouvons nous faire aider par quelques remèdes naturels mais il ne faut surtout pas couper les symptômes, car l'on ne fait qu'étouffer un mal insidieux qui ressortira, à un moment ou un autre, d'une façon plus violente et plus grave. Je m'apercevais aussi que mon énergie vitale devenait de plus en plus forte. Ne pas prendre de médicaments permettait au corps de retrouver son processus de guérison naturelle dans sa globalité et donc de se réhabituer à combattre la maladie. Chaque alerte qui se faisait sentir était maintenant contenue plus vite. J'associais bien sûr le repos et le calme méditatif à ce traitement naturel. Je faisais maintenant totalement confiance à mon énergie personnelle mais je commençais à comprendre que je n'étais pas seul dans ce processus et qu'une force, plus vaste, m'aidait, me guidait.

Chapitre VI
La révélation

VI.1

Les trois années qui suivirent me donnèrent le loisir d'approfondir. Je voyageais. Milan pour une rencontre mémorable avec le XIVème Dalaï-lama. Je baignais depuis des années dans la philosophie bouddhiste sans comprendre vraiment mais j'étais attiré. Moi qui étais contre les religions. Je trouvais que c'était pour les gens faibles et que l'on asservissait le peuple par des croyances et des traditions créées par les hommes pour les hommes avec certes, un socle juste et vrai, souvent millénaire, mais avec des droits et des devoirs construits par une minorité qui n'avait pour objectif que de régner et d'accumuler des richesses au dépend des plus ignorants.

Je prenais le bouddhisme comme une philosophie, pas comme une religion, et cela me convenait parfaitement. Dans ce séminaire à Milan, la partie qui m'intéressait le plus était l'initiation de Tchenrezi. C'est le nom tibétain du boddhisattva de la compassion avec qui j'avais passé de nombreuses heures dans le temple à Songtzen Library en Inde. Je ressentais une vraie attraction vers cette énergie et savoir que le Dalaï-lama, qui est lui-même une incarnation vivante de ce Boddhisattva, donnait cette initiation suffit à me précipiter pour recevoir ce cadeau.

Bien que le yoga n'ait rien à voir avec le bouddhisme car il est totalement areligieux, la philosophie qui le sous-tend est proche.

À mon retour, je pris refuge, c'est comme cela que l'on devient bouddhiste.

D'autres voyages m'amenèrent vers le Japon, terre abritant un contraste de modernisme et de spiritualité. Terre qui respecte la tradition des ancêtres en acceptant le progrès et réussissant à concilier les deux. Il y règne une atmosphère particulière, calme, paisible, ordonnée et respectueuse. Le Népal où je visitais Katmandou, ville mythique des Himalaya tout proches. Je fis un trek autour des monastères dans la vallée de l'Everest et touchais le ciel d'un peu plus près sur ces sommets majestueux. Je retrouvais le mantra « Om Mani Padme Hum » sur tous les murs, tous les rochers, sur les moulins à prières autour des temples mais aussi au milieu de nulle part. Partout l'on récitait ce mantra de la compassion, partout l'on vénérait Avalokitésvara, partout l'amour était présent.

Mon approfondissement m'amena à suivre toujours plus de stages et à rencontrer toujours plus de gens passionnants devenus maîtres dans leur art. J'explorais en premier ce que je connaissais le mieux, le yoga dynamique. J'eus la chance de pouvoir suivre un stage avec David Swenson à Londres. Élève direct de Pattabhi Jois, il est un des meilleurs représentants de l'Ashtanga yoga. Yoga postural par excellence, athlétique et qui donne toute la place à l'expression du corps. Sri Jois mit au point des routines qui, découpées en série, proposent un enchaînement de postures méticuleusement choisies, pour répondre à un but de santé et de circulation énergétique. Dans ce style de yoga on part du postulat que lorsque l'on aura réussi à contrôler le corps, l'esprit suivra. Donc, l'on passe des heures à enchaîner ces postures avec une respiration étudiée et une prise de conscience de certains verrous énergétiques qui nous aident à libérer les Granthis, qui sont des nœuds énergétiques, pour retrouver l'harmonie. J'eus aussi le plaisir d'assister à Vienne, à un stage avec Manju Jois, fils de Pattabhi, et digne héritier de la tradition bien qu'il ne fût pas le meilleur enseignant du monde. Et encore d'autres personnes ayant embrassé l'Ashtanga yoga comme un mode de vie, tel Ann Hughes, disciple de Richard Freeman, qui, par son ouverture du cœur donna à l'Ashtanga une dimension que je n'avais pas encore comprise. Par sa connexion avec la nature, elle me transmit son amour profond de l'être humain avec légèreté, pudeur même. Elle exprimait la transmission de ce qu'elle avait reçu.

VI.2

J'approfondissais aussi l'étude des ouvrages de référence. Ayant une attirance pour l'enseignement de Swami Satyananda, je pris le parti de lire tous ses livres disponibles, que ce soit en français ou en anglais. Ces lectures m'amenèrent à pratiquer des techniques plus avancées. Philippe m'a toujours dit, voyant mon attachement à la lecture et à l'acquisition de connaissances, que la pratique reste la seule vraie connaissance, que tout est en nous, qu'il faut se faire confiance pour se connecter à la connaissance universelle et que cette connaissance n'était pas dans les livres mais dans le cœur ! Je le comprenais intellectuellement mais j'avais tout de même besoin de m'enrichir. Dans ma scolarité, je n'avais pas assez appris de choses et je ressentais un grand besoin de compléter ma culture générale et maintenant ma culture yoguique.

Suite à la lecture du livre Kundalini Tantra je décidais de mettre en place une pratique qui allait durer neuf mois à raison d'une heure par jour de pratique obligatoire. C'était la première fois que je m'imposais une pratique si longue avec une technique avancée, Chakras Suddhi. Cette technique décrite dans cet ouvrage propose un nettoyage de nos centres énergétiques principaux.

Je demandais l'accord de Philippe et il me le donna.

Je compris à ce moment-là que j'allais entrer dans une autre dimension, que j'allais devoir me détacher de Philippe et explorer par moi-même d'autres horizons.

Ces mois furent durs. Se réveiller tous les matins plus tôt pour pratiquer. S'obliger, même si l'on n'en a pas envie. Ancrer une discipline ferme et sans relâche nous permet de diriger notre mental vers une action juste. Grâce à ce genre de discipline, le mental grossier prend moins de place, les sens retrouvent leur juste utilisation, la subtilité des choses nous apparaît. J'ai, durant ces mois de pratique, développé ce que l'on appelle des Siddhi, des « pouvoirs » ou perceptions d'un monde que je ne connaissais pas jusqu'alors. Chaque chakra est en relation avec des niveaux énergétiques particuliers et, au fur et à mesure, je développai en fonction des niveaux que je travaillais, des perceptions particulières.

Je voyais les auras à certains moments, à d'autres mon intuition était si aiguisée que je percevais les pensées des gens en face de moi, etc. Je savais qu'il ne fallait pas que je m'attarde à ces effets « secondaires » de la pratique. Je savais qu'ils pouvaient être un piège bloquant l'évolution de l'être profond. Les grands maîtres l'ont souvent expliqué dans leurs Satsangs et conférences. Alors, j'acceptais ce qui se produisait sans m'y attarder. J'observais ces manifestations très sereinement et m'amusais de ce que cela provoquait en moi. D'un mois sur l'autre cela évoluait, un Siddhi laissant place à un autre... ma vision des choses s'éclaircissait, j'étais plus éveillé, plus perspicace, je voyais le monde sur un autre plan. Tellement que les derniers mois de pratique furent très éprouvants. Pas dans la pratique elle-même mais dans le monde. J'avais de plus en plus de mal à côtoyer les gens. Je les trouvais grossiers, lourds, incultes, inintéressants, je m'énervais de leurs réactions, de leurs actes, de leurs discours. À un moment, je perdis pied et Philippe me ramena par quelques mots simples.

– Ta vie c'est ici et maintenant, sur cette terre, alors ancre tes pieds dans ce monde et laisse ta tête s'élever vers le ciel. Sans ancrage tu finiras comme beaucoup de profs de yoga, dans un asile psychiatrique !

Il avait raison. L'élévation spirituelle ne peut se faire sans être totalement conscient du monde dans lequel nous évoluons. Il nous faut élever notre conscience, ce qui implique de comprendre ce monde et d'y vivre pleinement. Et sans ça, c'est la folie qui nous guette ou la dépression. L'éveil que le yoga propose passe par cette phase de compréhension profonde. Installer notre regard dans l'instant présent pour le goûter au mieux. Accepter cet instant tel qu'il est avec compassion. Faire de chaque seconde un événement, de chaque expérience une source d'enrichissement, de chaque rencontre un outil de communion. L'union avec l'univers ne peut se produire que si l'on comprend cette notion d'unité.

Sortir de la dualité, de l'ego, du jugement et revenir à l'un sans second, l'unité, nous permet d'atteindre un premier stade d'éveil.

Cette prise de conscience me sortit de cette tour d'ivoire que je m'étais construite et qui m'isolait du monde, des gens autour de moi. Je continuai alors ma pratique plus sereinement et j'évoluai avec une vision plus large.

Dans l'année qui suivit, je m'éloignai de Philippe. Nous avions senti que notre relation arrivait à une étape où il nous fallait prendre de la distance. J'avais besoin de certaines choses qu'il ne pouvait m'offrir et je devais explorer d'autres enseignements. Il me mit en relation avec Swami Dharmapriyananda lors d'un stage avec Swami Shivadhara. Dharma était une belle femme aux cheveux longs et noirs avec un regard hypnotisant. Elle débordait d'amour et cela se sentait. Les gens autour d'elle l'aimaient car elle était douce et enveloppante. Chaleureuse, est le qualificatif qui me vient en premier, rayonnante pourrait être le deuxième. À cette époque elle n'était pas encore Swami, elle était Karma-Sannyasine et enseignait le yoga avec passion, communiquait son expérience avec ferveur. Elle tenait un centre de yoga sur Nice et accueillait régulièrement des intervenants sur des thèmes choisis. Elle décidera de prendre le Sannyas deux ans après notre rencontre et revint d'Inde avec les cheveux rasés. C'est un des rituels quand on prend cette initiation signe de renoncement au monde, et même à notre apparence physique. Ce fut un choc pour beaucoup ! Mais moi je trouvais que ça la rendait encore plus attirante, encore plus lumineuse.

Le Yoga Satyananda était vraiment l'enseignement qui me convenait maintenant, et je voulais entrer en contact avec les gens de cette tradition. J'avais tout lu mais je voulais plus. Elle fut un guide pour moi dans cette nouvelle tradition que j'embrassais. Si j'avais choisi cette lignée, c'est parce qu'elle avait une vraie tradition ancestrale. Les maîtres se succédèrent et transmirent l'enseignement reçu des textes anciens le plus fidèlement possible. Plusieurs courants se croisaient dans ce yoga. Les Védas, le Samkhya et le Tantra. Swami Satyananda avait compris, expérimenté, synthétisé et transmit l'essence de ces traditions anciennes. Tout est clair, rien n'est occulté, tout est transmis. Et même quand l'enseignement entre dans l'ésotérisme, la transmission se fait de façon claire et sans lourdeur spirituelle mal placée.

Je rencontrai cette année-là plusieurs Swami passés maîtres dans certains aspects de l'enseignement. J'explorai diverses techniques ; pratiquai des méditations issues des textes anciens du tantra qui prônent une expérimentation de la vie, de nos sens et de nos réactions en pleine conscience, dans l'acceptation de ce que nous sommes pour nous libérer de l'emprise des sens, Pratyahara.

Swami Satyananda donnait au tantrisme pour définition : « Science de l'expérimentation de la conscience et de la libération de l'énergie ». Je recevais l'éclairage sur des textes tels que les yoga sutra ou la Baghavad gita. Cette période me permit d'élargir encore mon champ de compréhension et d'expérimentation et je remercie toutes ces personnes de m'avoir donné sans compter tout ce qu'elles avaient reçu.

Je ressentais maintenant le besoin de me recentrer et de digérer tous ces enseignements riches mais lourds. J'avais besoin d'isolement pour méditer. J'appris qu'une technique Bouddhiste, la méditation Vipassana, était enseignée sur des séminaires de dix jours dans lesquels nous devions rester en silence et méditer dix heures par jour.

– C'est ce qu'il me faut, me dis-je.

Une période de retrait et de calme. Le stage était donné en France dans la région d'Auxerre dans un centre de méditation Vipassana suivant l'enseignement traditionnel de S.N Goenka. Je m'inscrivis sur internet et choisis la période entre Noël et le Jour de l'An. Cette retraite fut un grand moment pour moi. Le silence extérieur laissa place à de grandes conversations intérieures. Beaucoup de mes perturbations remontèrent. Mon corps, dans nos heures de pratiques, me faisait souffrir comme jamais. J'expérimentais la douleur partout, la brûlure intense de mes muscles, le verrouillage de mes articulations, tout mon corps criait de souffrance alors que je ne faisais que rester assis en tailleur sans bouger. Mon esprit envoyait ses messages. Ces douleurs n'étaient que le reflet de mes perturbations mentales, de mes vrittis et samskaras qui réapparaissaient.

Vers la fin du séminaire, le corps me laissa un peu plus tranquille. Le neuvième jour fut paisible, voire agréable. Ce qui le fut moins fut le retour. Recommencer à parler fut difficile et entendre les autres encore plus. J'aimais ce silence, cet isolement, le retour en train fut long et pénible. Je comprenais encore un peu mieux les choses. Les enseignements reçus s'ancraient en moi. J'avais fini avant ce stage ma première longue sadhana et j'étais prêt à en entamer une seconde.

VI.3

Je démarrai les vingt semaines préconisées par Swami Satyananda pour découvrir le Kriya Yoga. Un exercice par semaine, et chaque semaine on rajoute une nouvelle pratique. On commence par moins de trente minutes par jour et nous allons jusqu'à deux heures trente par jour. Les Kriyas choisis par Swami Satyananda sont d'origine Tantrique, et c'est une des méthodes les plus efficaces pour obtenir une évolution de la conscience. Cette pratique est adaptée à l'homme moderne bien qu'il faille une préparation adéquate avant de se lancer dans une pratique telle que celle-là. L'objectif est d'ouvrir les chakras (centres énergétiques majeurs), de purifier les nadis (réseaux de canaux énergétiques irrigant tout le corps) et d'éveiller l'énergie primordiale, la Kundalini. Et tout cela se fait en douceur grâce à la progressivité de la pratique. Dans le kriya yoga on ne s'occupe pas du mental, on le laisse évoluer au gré de son agitation, on ne juge pas, on pratique de façon systématique et l'on observe, sans interpréter. Il suffit de rester détendu et d'adapter la pratique à ce que l'on ressent. C'est ce que je fis.

Pendant cette période, je repris les textes importants tels que les Yoga sutra. Je m'aperçus qu'à chaque nouvelle lecture nos perceptions changent. À chaque nouvelle lecture, nous comprenons de nouvelles choses et notre vision de l'enseignement évolue. Nous percevons la réalité des choses avec nos outils propres. Nous évoluons de seconde en seconde et chaque seconde qui passe correspond à une petite mort de notre être et une nouvelle renaissance. Chaque moment de notre vie, que nous le jugions bon ou mauvais, est une source de connaissances supplémentaires, et si nous sommes attentifs nous nous dirigerons alors plus précisément vers la lumière. Si nous portons autant d'intérêt à chaque seconde qui passe, nous apprenons de tout et notre perception évolue. C'est pour cela qu'il est bon de relire les textes de référence à divers moments de notre vie car notre compréhension s'affine et que ce que nous ne pouvions percevoir, car nous n'avions pas l'expérience ou les outils pour, nous pouvons maintenant en goûter toute la substance. Nos croyances forgent ce que nous percevons, nos interprétations colorent la réalité dans une vérité qui nous est propre.

Mais nous ne pourrons réellement toucher la « substantifique moelle », l'essence de tout, que lorsque nous aurons cessé de modifier la réalité par notre ego, notre personnalité. Il nous faut retrouver la source de notre être pour nous unir à la connaissance universelle qui est le Tout. Quelques scientifiques se sont, ces dernières années, penchés sur cette notion de connaissance universelle, et ils tendraient à dire que la connaissance ne fait pas uniquement partie de notre cerveau physique, mais que nous avons la faculté de nous connecter à une connaissance, plus subtile, dans l'espace autour de nous. Le stockage des données ne serait pas totalement en nous mais aussi autour de nous... Laissons la science travailler ; ils arrivent à prouver ponctuellement ce que les Rishis, les sages anciens, affirment depuis toujours...

Deux Swami m'apportèrent énormément. Le premier lors d'un stage sur « Nirvana Shatkam », ode écrite par Sri Shankaracharya, grand maître de la lignée des Saraswati qui, vers le huitième siècle, donna des enseignements majeurs qui éclairèrent d'un œil nouveau et averti les textes anciens. Dans cette ode, il explique que nous ne sommes rien. Que nous ne sommes ni ce corps physique, ni ce mental, ni rien de tout ce que nous croyons être, nous sommes bien au-delà de ça, nous sommes pure conscience. Nous sommes cet état permanent d'accueil, d'observation, d'être. Nous sommes la page blanche qui accueille les mots, l'immuable qui regarde le jeu de la vie se dérouler en lui. Après huit strophes à démonter toutes nos croyances il nous livre le secret : nous sommes divins. Par le fait de nier tout ce que nous croyons être « Neti, Neti » (pas ceci, pas cela) nous comprendrons et ferons tomber les barrières de l'ego pour revenir à la source divine, à notre être profond. L'Advaita Vedanta fut le courant philosophique décrit par Shankaracharya et selon ces textes la dualité n'existe pas. Rien n'est deux tout est un. Il n'y a pas de moi et de toi, de oui et de non, de forts et de faibles, nous sommes tous issus du même espace de la même graine et nous y retournerons tous, car les formes manifestées ne sont qu'illusion, l'énergie est une et divine. L'un des Swami, par son approche très scientifique de cet enseignement, qui peut paraître très abstrait pour certains, mit en perspective toute ma compréhension, et me permit de faire un pas de géant dans ma compréhension de l'univers. La réincarnation, le karma, tous ces concepts prirent un jour nouveau pendant ce stage.

Il est très difficile d'expliquer ma compréhension nouvelle car le changement fut profond. Je mis quelques semaines à m'en remettre. J'étais excité, bouleversé par cette nouvelle vision du Tout, plus claire, plus juste. Je pouvais enfin expliquer tout ce que j'avais appris et toutes les pièces du puzzle se mirent en place En un instant, l'image devint claire, pure, brillante. Seul problème, la plupart des gens ne seraient pas prêts à entendre cette vérité, la plupart nieraient car cela peut faire peur. Cette compréhension passe par la destruction totale de l'ego et par une foi complète en la nature.

Quant à l'autre Swami, il m'éclaira tout d'abord par ses écrits. Il écrivit beaucoup de livres pour Swami Satyananada. Il passa quatorze ans à ses côtés et reçut un enseignement direct. Je le rencontrai la première fois dans un stage qu'il animait sur les Yoga Sutra de Patanjali. Ma réaction fut très tranchée. Je n'aimais pas cet homme. Il ne m'inspirait pas et j'avais l'impression qu'il retenait certaines informations, qu'il ne voulait pas tout donner et moi je voulais beaucoup plus que ça. Suite à cette déception passée, je compris qu'il donnait à hauteur de ce que le groupe en face de lui pouvait recevoir. Je compris qu'il était un enseignant suffisamment subtil pour capter les besoins et les limitations d'une assemblée et de s'y adapter. Tant pis pour les quelques-uns qui voudraient plus, ils n'auraient qu'à approfondir ce qu'ils croient déjà savoir. Je mis du temps à comprendre et accepter cela. Les personnes ayant fait une certaine distance sur le chemin spirituel sont capables de comprendre et de ressentir l'évolution des personnes ayant parcouru moins de distance et l'inverse n'est pas vrai.

VI.4

Swami Dharmapriyananda prit un peu la place qu'occupait Philippe jusqu'à présent.

Philippe avait été l'homme qui m'avait ouvert les yeux. Il avait empli ma vie de lumière. C'est lui qui avait enlevé le plus gros voile qui obscurcissait ma vision des choses. C'est lui qui me posa sur le chemin de la vérité.

Grâce à elle j'eus l'opportunité de rencontrer tous ces maîtres, et c'est grâce à elle que ma compréhension des choses devenait meilleure, que ma conscience s'ouvrait, que mon immersion dans le yoga s'approfondissait. Elle m'expliqua le fonctionnement de la lignée Satyananda et m'expliqua qu'il faudrait que je prenne un maître spirituel réalisé comme guide car c'est grâce à ça que l'on peut vraiment se relier au divin. Le « Gourou » est un avatar du divin, de dieu. Si on le choisit, c'est que l'on reconnaît en lui les qualités d'un guide capable de nous mener sur le chemin étroit de la réalisation de soi. Il faut que ce soit quelqu'un qui ait déjà emprunté ce chemin et qui connaisse les pièges et embûches pour nous aider à progresser à notre rythme et en sécurité sur cette route pavée de diamants. J'appris que l'Ashram de Bretagne devait recevoir Swami Satyasangananda Saraswati, une des plus proches disciples de Swami Satyananda qui avait pour mission actuelle de conduire des séminaires à travers le monde et diffuser l'enseignement du Yoga.

– C'est la première fois qu'elle vient en France, me dit Dharma. Tu devrais y aller et demander ta première initiation

J'avais plus ou moins compris à cette époque le fonctionnement de ce rituel mais je répondis :

– Ok, on y va.

Comme à mon habitude, je laissais mon intuition répondre, car quand je sentais que quelque chose était juste pour moi, et sans poser d'autres questions, j'acceptais. Ce qui pour certains semblait être une confiance aveugle, était pour moi tout à fait naturel et sans l'ombre d'un doute. Je demandais à Dharma de m'éclairer sur les initiations.

Il y a, dans la vie d'un aspirant spirituel, des choix à faire et des devoirs à accomplir.

Dans la lignée des Saraswati, lorsque quelqu'un fait le vœu d'entrer dans la vie spirituelle il devient un renonçant, un Sannyasin. Il laisse tout derrière lui, famille, argent, amis, possessions et prend la route tel un moine errant, destinant sa vie à l'étude de la nature, de sa propre personne et du divin. De nos jours, peu de personnes sont capables d'un tel renoncement et la vie occidentale ne se prête que peu à ce genre de comportement. En Inde c'est très respecté et encouragé, ici, on appelle ça, les rebuts de la société. Alors un système d'initiation à plusieurs niveaux a été mis en place pour que chacun puisse évoluer à son rythme sur le chemin du yoga, guidé par un maître réalisé et encadré par une communauté l'aidant à pratiquer.

– Dans la première initiation tu reçois un mantra et un mala. Le mantra est une courte phrase ou un mot en sanskrit qui possède une vibration qui t'est propre. Le mantra est personnel et ne doit être révélé à personne. C'est ton outil principal sur ce chemin, la canne qui t'aide à marcher, l'ancre qui t'aide à ne pas te perdre, la vibration qui harmonise chacune des particules de ton être. Le mala est un rosaire fait de cent huit perles qui t'aide dans la répétition de ton mantra. Car quand tu prends ta première initiation tu as des obligations. Tu t'engages à répéter ton mantra au moins une fois par jour et cent huit fois consécutives. C'est ton engagement, envers ton gourou mais surtout envers toi-même. Tu installes une discipline qui t'aidera à avancer.

– Dans ta deuxième initiation tu reçois un symbole psychique. C'est une image, un objet, une représentation qui t'est donnée pour poser ton mental sur quelque chose de physique. Ce symbole te sert lors de la répétition de ton mantra et te servira plus tard pour des techniques de méditations plus avancées.

– Et dans ta troisième initiation tu reçois un nom spirituel. Comme un nouveau nom de baptême. Ce nom symbolise ton chemin. La signification de ce nom sanskrit te montre ce vers quoi tu dois te diriger pour réaliser ton Dharma, ton chemin de vie. Ce nom est la représentation de ton être profond, l'image de ton essence, il te faut méditer dessus, te l'approprier et régulièrement penser à sa signification pour te garder d'emprunter une route qui ne serait pas la tienne.

Après ces explications, tout s'éclaircissait pour moi. J'avais toujours entendu dire que lorsque l'élève est prêt le maître se présente, et je me sentais prêt, prêt à m'en remettre, prêt à faire confiance, prêt à m'abandonner. Tout au long de ma vie, j'ai toujours eu en tête l'envie de trouver un maître pour me guider. D'aussi loin que je me rappelle, j'ai toujours eu ce sentiment profond qu'il me faudrait trouver quelqu'un pour m'aider à accomplir mon destin. Et là, j'avais enfin la possibilité de le faire, j'avais trouvé un maître.

– Ok Dharma, je veux tout ça, répondis-je en trépignant quelque peu.

– Bien, alors tu feras ta demande pour les trois initiations, nom, mantra et symbole !

Je restai un peu surpris, pensant être obligé de prendre une initiation à la fois. Elle vit mon visage perplexe.

– Tu demandes et le maître décidera si tu es apte à recevoir les trois ou pas.

Je fus rassuré.

Comment cela était-il possible ? Comment cette personne qui ne m'avait jamais rencontré pouvait être capable de me donner ces initiations qui devaient changer le cours de ma vie et me donner la juste voie ?

Elle continua :

– Lors de ta demande, le maître spirituel, qui est un être éveillé – rappelle-toi – se connecte à ton énergie et par cette connexion il détermine ce qui est juste pour toi, continua Dharma. Le maître sait tout, voit tout car il est connecté au tout. Il a réalisé le Yoga, l'union entre son être, l'Atman, et l'être cosmique universel, le Paramatman. Par cette union, la connaissance universelle lui a été révélée, il connaît ton passé, ton présent, ton futur, il est un guide pour tous ceux qui n'ont pas réalisé cette connexion divine, il est une lumière qui te montre le chemin et qui montre le juste chemin à tous ceux qui le lui demandent.

Cette révélation me laissa songeur. Est-ce que le yoga m'amènerait moi aussi vers ça ? L'éveil, c'était ça ? Oui, c'est certainement ça, fondre son âme dans l'espace cosmique, se libérer de son ego et réaliser l'unité.

Le tout sans multiple. L'un. Yoga

VI.5

Départ au séminaire de Swami Satsangi, petit nom affectueux qui lui était donné par ses disciples. Mois de Juin ensoleillé, direction l'ashram de Bretagne. Ce lieu était magique. Terre celte, la Bretagne est chargée d'une énergie particulière, propice à l'installation d'un lieu de pratique et de vie autour du yoga. Après notre voyage en avion chaotique – il est difficile d'arriver en Bretagne au départ de Nice – nous arrivons en bus sur le lieu du séminaire. Complètement intégrés à la nature, les bâtiments se découvrent après un long chemin de terre et sous de beaux arbres centenaires. Tout est très vert. Les maisons sont en pierre brute et l'atmosphère sereine. Nous découvrons, sur un champ qui a été prêté par les agriculteurs du coin pour l'occasion, une grande tente blanche sur une belle herbe d'un vert soutenu qui peut accueillir plus de cinq cents personnes. Une moquette rouge couvre le plancher et une estrade imposante a été montée pour les intervenants. Il y a des instruments de musique indiens ce qui montre que nous allons certainement chanter des Kirtans. Ce sont des chants courts, quelques mots parfois, que nous reprenons inlassablement au rythme de l'harmonium, des tablas qui sont des percussions indiennes et autres cithares. Quelques chaises sont à disposition pour ceux qui ne peuvent rester assis par terre trop longtemps et un autel a été dressé avec un magnifique poster de Swami Satyananda. Je suis impressionné par tout ça et j'ai hâte que ça commence. Nous nous installons dans l'attente de l'arrivée de Swami-ji. C'est la première fois que j'assiste à une telle manifestation et mon sentiment est partagé entre l'excitation d'être là pour rencontrer la personne qui deviendrait peut-être mon maître spirituel et une certaine peur de l'inconnu. Les gens commencèrent à affluer ; certains habillés en blanc, d'autres en jaune et d'autres encore en orange.

– Qu'est-ce que c'est que ces déguisements ? me demandais-je

Je posai la question et l'on m'expliqua qu'à chaque initiation reçue correspondait une couleur, le blanc pour les trois premières, le jaune pour la quatrième et enfin le orange pour la cinquième et sixième.

À chaque initiation, on nous remettait un Dhoti (pièce de tissu dans laquelle on s'enroule lors des pratiques méditatives) et lorsque nous participons à des activités autour du yoga nous devons nous habiller de la couleur de notre rang. Je trouvais ça amusant mais quelque peu grotesque.

Je comparais au karaté que j'avais pratiqué plus jeune et dans lequel j'avais rapidement reçu mes ceintures de couleurs attestant de mon assiduité et de ma pratique. Je trouvais très étrange d'avoir un système se rapprochant de ça dans le yoga où la compétition n'existe pas, où les jugements de valeur n'ont pas lieu d'être et où le classement des êtres humains en catégories est à l'opposé des principes d'union… Je savais que les Sannyasins, les renonçants, lorsqu'ils prenaient leurs vœux, laissaient leurs vieux habits pour revêtir la robe Geru (vêtement orange traditionnel) mais je ne connaissais pas les autres « grades ». Bref, je ne m'attardais pas plus à cela et finissais même par trouver joli le mélange de ces couleurs. Il y avait beaucoup de monde et j'étais surpris de la ferveur et de la joie de tous ces gens. La musique commença. Tout le monde se mit à chanter. Puis la musique s'accéléra, tous se mirent à danser. L'intensité monta. Une énergie prit place. Une certaine frénésie. Je fus déstabilisé.

– Ils sont fous ces gens ? J'suis dans une secte ou quoi ?!

J'avais du mal à comprendre et étant quelqu'un de très rationnel et pragmatique cela me dérangeait. Puis je commençai à me détendre car je voyais bien que ces gens n'étaient pas fous, ils débordaient de joie et d'amour et ils l'exprimaient. Nous avons tellement peu de place dans notre société pour aimer, que lorsque l'on est entouré de gens dans un lieu où on se laisse aller à ce sentiment cela nous choque voire nous irrite. Nos sociétés nous ont fait perdre de vue que l'on pouvait aimer vraiment, et être aimé pour ce que l'on est, sans jugement. L'amour qui envahissait la pièce était un amour inconditionnel, dirigé vers le divin et représenté aujourd'hui par Swami Satsangi.

Elle arriva. Petite femme au crâne rasé drapée dans la longue robe Geru traditionnelle, un large sourire sur le visage. On aurait dit qu'elle flottait au-dessus du sol, on ne la sentait pas marcher. Trois traits blancs horizontaux sur le front badigeonné de jaune signe de son rang, Paramahamsa. La plus haute distinction dans notre lignée. Elle fut initiée par Swami Satyananda le jour de sa mort, un grand honneur qu'il lui fit là en récompense à sa dévotion de toujours reconnaissant ainsi son niveau de réalisation. Swami Satyananda avait quitté son corps physique six mois auparavant et c'était le premier séminaire qu'elle animait seule et en son nom.

Elle était rayonnante, envoûtante mais simple et naturelle, l'expression exacte de l'être qui Est réellement, sans masque ni artifice, l'expression de la shakti, l'énergie divine féminine. Pure, on la sentait reliée avec son maître au-delà de la vie et de la mort qui n'a, à ce niveau, plus autant d'importance. Elle monta sur le podium et la joie ambiante monta encore d'un cran. Puis après de longues minutes, tout se calma. Les gens s'assirent et firent silence. Elle prit la parole de sa voix douce et cristalline. Ses mots furent clairs, justes. Son discours sans fioritures vous va droit au cœur. Son regard est plein de compassion et quand vous avez la chance de le croiser elle vous remplit de lumière. J'avais préparé des questions à poser car l'on m'avait prévenu que l'on pourrait le faire à un moment de son intervention. Mais son monologue avait répondu à la plupart d'entre elles et j'étais désarmé au moment où l'on nous proposa de l'interroger. Mais je voulais absolument lui parler, alors je me ressaisis, levai la main et l'on me passa le micro. Je ne me rappelle même plus la question posée mais cela n'avait que peu d'importance. Je voulais lui parler et je l'avais fait. Tremblotant et dans un anglais approximatif, alors que j'étais quelqu'un de plutôt à l'aise dans la communication avec un anglais correct, là, je perdais tout ça et redevenais l'enfant qui sommeille au plus profond de moi.

J'avais trouvé ! Le maître que j'attendais depuis toujours était là, devant moi. Une certaine joie au-delà des mots me prit, tout autour de moi s'arrêta ou plutôt passa à l'arrière-plan et un vortex s'installa entre Swami-ji et moi. Une connexion venait d'avoir lieu et un sentiment de paix m'imprégna.

Le rituel d'initiation que nous reçûmes le lendemain prit alors peu d'importance bien qu'il avait été décidé, comme c'était la première fois que Swami Satsangi venait en France, de faire les initiations de façon traditionnelle et que nous passerions auprès d'elle pour recevoir sa bénédiction. Habituellement, les participants étaient installés assis en ligne et c'est le gourou qui passe et donne l'initiation. On nous mit en ligne, par couleur, on nous remit un dhoti de la couleur voulue sur les épaules et on nous fit passer les uns après les autres à l'appel de notre nom. Mon tour arriva. Je me présentai à genoux devant Swami-ji, assise dans une magnifique pièce en pierre avec un plafond en dôme. Elle me mit un mala autour du cou et me dit mon mantra à l'oreille.

Je reçus un livret dans lequel était inscrit mon symbole psychique et mon nom spirituel. Enfin, on me demanda de me lever et de retourner avec les autres. Ce fut très rapide. Peut-être trop. Je ne ressentis presque rien, à part de l'anxiété. J'avais imaginé plein de choses mais rien de particulier ne m'apparut à ce moment-là. L'instant que j'avais vécu la veille avait été pour moi le vrai moment d'initiation et ce rituel ne pouvait remplacer le sentiment perçu alors. Les rituels permettent de rendre officiel un sentiment, de rendre palpable une pensée, une attention. Dans la tradition du Yoga Satyananda on laisse une belle place aux rituels, aux Puja. Cela provient de notre influence Tantrique. Codifiés et accompagnés de chants, de mantras, ils nous aident à nous recentrer et nous apprennent à nous en remettre à quelque chose que nous ne pouvons voir et en lequel nous croyons, quelque chose que nous ne pouvons expliquer avec des mots mais que nous ressentons au plus profond. Et en même temps, ils nous aident à conserver la relation à l'énergie cosmique. Mais il est tout à fait possible de faire sans si l'on n'en ressent pas le besoin. Car ils sont un outil comme un autre et nous avons beaucoup d'outils à notre disposition pour nous accompagner sur le chemin et le rendre plus confortable, plus riche.

Mon nouveau nom fut Satyatma, qui signifie « la vérité de l'âme individuelle ». À la sortie de l'initiation, les gens me demandèrent mon nouveau nom et, à chaque fois, l'on me regardait de haut en bas avec du respect dans le regard en me disant que c'était un très beau nom et que j'avais beaucoup de chance d'avoir reçu un tel cadeau. J'étais fier, bien que pour le moment je ne comprenais pas bien sa signification.

Le séminaire se termina le soir de l'initiation et nous repartîmes le lendemain. Ce fut un moment important dans ma vie de pratiquant de yoga, un moment crucial, le moment où j'apprenais à m'en remettre à une représentation humaine de dieu. Moi qui avais toujours détesté l'idée d'une religion, je m'abandonnais au divin. Et par cet abandon, je reconnaissais l'existence de cette force divine et lui demandais de m'accepter à ces côtés. Le mot religion vient du latin Religare qui veut dire relier, c'était ça la signification profonde. J'entrai dans une autre phase, une phase où j'étais plus confiant car relié, plus serein car je me sentais supporté par un être d'exception.

Quelques semaines après ce séminaire, je pris la décision de repartir en Inde à Noël pour retrouver mon gourou dans son Ashram à Rikhia, dans la région du Bihar.

Cette décision s'imposa à moi rapidement. Maintenant que j'avais pris cette initiation, il me fallait aller dans le lieu de vie de mon maître au moins pour quelque temps, pour baigner dans son énergie et me nourrir à la source de son enseignement. C'était une évidence et en plus j'allais partir seul, il me fallait vivre cela seul. Très vite je pris mon billet d'avion, les renseignements nécessaires pour accéder de l'aéroport à l'ashram et bien que ce périple paraisse difficile, à aucun moment je ne doutais de ma décision. C'était encore une fois tout à fait normal et logique et rien ne pouvait se mettre en travers de ma route.

Jusqu'au moment du départ, je continuais à m'immerger dans le yoga par la pratique, les textes sacrés, les stages nombreux et variés. Ma vie et le yoga ne faisaient plus qu'un.

Chapitre VII
L'ashram

VII.1

Jour de départ. Le Nice/Paris se fait sans encombre mais arrivé à Paris et dans l'attente de mon vol pour Delhi une vague d'angoisse monte en moi.

– Qu'est-ce que je fais ici ? Pourquoi est-ce que je pars ?

Ces questions arrivent avec une violence inouïe. Je me sens mal, à la limite des larmes. Mais je me recentre et j'arrive à me raisonner. Je me concentre sur chaque seconde qui passe, sur l'instant présent et je me calme. Dès que je suis dans l'avion et qu'il décolle mon angoisse disparaît. Escale à Delhi, puis un petit avion pour Calcutta. Je récupère mon bagage (je suis toujours un peu angoissé à l'idée que ma valise se perde !), sors de l'aéroport et je suis très étonné du calme à l'extérieur. Ma dernière arrivée sur le sol indien avait été plus mouvementée. Ici, il n'y a que les chauffeurs qui attendent les passagers. Je trouve le mien et direction l'hôtel. Je retrouve l'ambiance des rues, la frénésie des routes, la pauvreté toujours très palpable, les odeurs pas forcément agréables et la vétusté de la voiture qui m'accueille. J'avais réservé sur les conseils de Dharma, un hôtel bon marché mais correct pour passer la nuit avant de prendre le train le lendemain pour l'ashram. Je prends ma chambre, la douche sera à la tradition indienne, un seau et un broc en plastique. C'est la dernière douche chaude pour le mois à venir, car, à l'ashram, je sais qu'il n'y pas d'eau chaude et que le confort sera sommaire, alors j'en profite. J'ai confirmation que l'hôtel a réservé mon billet de train qu'ils me remettent au moment du dîner. Une voiture m'amènera à la gare demain vers onze heures.

Howradh Station. Premier contact avec une gare indienne. C'est gigantesque et grouillant de monde. On pourrait comparer à la gare de Lyon, à Paris, mais il y a cinquante ans. Retour vers le passé. Les trains sont vieux et dans un état douteux. Les bancs de la gare sont remplis de gens entassés entre de nombreux bagages qui finissent de rendre cet endroit apocalyptique. Un panneau d'affichage annonce les trains. Le mien est annoncé avec trois heures de retard. Je suis peu étonné, on m'avait prévenu. L'Inde n'est pas ponctuelle et le trafic ferroviaire souvent perturbé donc jamais à l'heure. Je trouve un endroit pour m'asseoir, je suis chanceux. Devant mes yeux, durant mon attente, un ballet inimaginable prend place.

C'est un défilé de mendiants. Un homme handicapé, au point d'être obligé de ramper, démarre cette triste séquence puis il laisse place à deux filles, l'une de trois ans l'autre de cinq, qui font quelques figures de contorsionnistes avec un cercle de métal, enfin un homme qui n'a plus de jambes et qui se déplace à l'aide de deux fers à repasser d'un autre temps dans les mains et soulève le poids de son corps d'un potentiel donneur à l'autre. C'est très difficile à supporter. Voir de si près la misère humaine. La souffrance est particulièrement choquante et quand on dit qu'il faut être prêt à venir en Inde, c'est aussi à cause de ce genre de spectacle. Mon train est finalement annoncé, les trois heures de retard se sont transformées en cinq heures. Je monte dans mon compartiment et trouve ma couchette. On me confirme qu'il faudra minimum quatre heures trente pour atteindre la gare de destination ce qui fait que j'arriverai en pleine nuit. Je n'aime pas bien ça. Le train est tout sauf confortable. Le compartiment ressemble à une cellule de prison.

Les couchettes sont rabattables et fixées à des chaînes, il y en a six par compartiment et elles ne sont pas aussi longues que moi. J'ai donc les pieds qui dépassent largement dans le couloir et dispose d'un espace de cinquante centimètres au-dessus de mon corps allongé. Autant dire que j'oublie la possibilité de dormir ! Mes voisins sont indiens et souriants. Nous bavardons un peu et ils sont fiers de me présenter le dernier fils de leur famille. En Inde, avoir un garçon est une bénédiction tandis qu'une fille, c'est toujours problématique. La place de la femme est toujours difficile dans ce pays, elle est souvent une esclave de la famille et doit s'occuper de toutes les corvées, pendant que le garçon se fait servir comme un prince. Le trajet est pénible mais je suis heureux de me rapprocher de mon but, retrouver mon gourou. J'arrive dans la nuit à la gare de Jasidih. Elle n'est pas très accueillante et je ne suis pas très rassuré. Un conducteur de Rickshaws m'accoste à ma sortie et me lance :

– NamoNarayan! Namonarayan! Rikhia ?! Rikhia ?!

– Yes, Yes please, lui répondis-je, quelque peu soulagé.

Je suis content qu'il ait l'air de connaître le lieu où je vais car cette gare est située au milieu de nulle part et je n'étais pas bien sûr de pouvoir trouver ma route.

Il fait nuit noire.

À la sortie de la gare, se trouve une colonne de Rickshaw, peut-être trente ou quarante les uns derrière les autres. D'autres chauffeurs tentent de m'aborder mais mon nouvel ami les repousse. Je ne sais rien de cet homme. Il pourrait m'emmener n'importe où pour ensuite me dépouiller et avec ce qu'il récupérerait dans mes bagages, il pourrait vivre heureux quelques années sans travailler. Mais non. Je lui fais confiance et il me mène là où je dois aller, dans cette nuit d'encre, éclairée sur le bord de la route par quelques feux de bois où se retrouvent les habitants du coin. Nous arrivons devant un grand portail. Le chauffeur hèle à la guérite et un homme apparaît. Je donne mon nom et il va consulter le registre. Il revient et me demande d'épeler mon nom à nouveau car il n'a pas l'air de trouver. Il me confirme que je ne suis pas sur le cahier de réservation. Je lui explique que j'ai appelé plusieurs fois pour confirmer ma venue. Il téléphone et m'explique que pour cette nuit il est trop tard pour pouvoir entrer et qu'il faut que j'aille dans un autre ashram à quelques minutes d'ici. Je devrai revenir le lendemain matin à six heures trente pour le petit-déjeuner et voir comment l'on peut s'arranger. Il demande à mon chauffeur de m'emmener à l'ashram Sivananda tout proche. Nous y arrivons en cinq minutes. À la grille, un vieil homme en orange nous reçoit. Je règle mon chauffeur. Le Swami me conduit dans une chambre pour la nuit. Il a l'air très vieux et il est charmant. Je le remercie en m'inclinant plusieurs fois et je retrouve un vrai lit et une grande chambre pour moi tout seul. La nuit se passe. Calme.

Réveil cinq heures trente après un coucher vers minuit. Je dois me rendre avec mes bagages et à pied à l'ashram de Rikhia. J'emprunte une courte route à la sortie du Sivananda ashram qui arrive vers un chemin en terre. D'autres personnes ont l'air de faire la même route que moi et me voyant avec mes paquets m'interpellent et m'aident à m'orienter jusqu'à l'ashram. La route en terre est longue et déserte. Nous sommes au beau milieu de nulle part. Autour de nous, une faible végétation faite de quelques buissons et de palmiers clairsemés. Au loin, j'aperçois les bâtiments qui doivent être ceux de l'ashram.

J'explique à nouveau mon histoire au portail et on m'invite à laisser mes affaires à l'entrée et à aller déjeuner, ce que je fais avec tout de même un peu d'inquiétude pour mes bagages. Il y a de petits jardins verts qui bordent les allées.

Des tentures sont pendues entre des poteaux métalliques et délimitent l'espace du repas. Nous mangeons à même le sol, assis sur de longues paillasses qui ont été étendues les unes après les autres sur plusieurs rangées. Je vois qu'une file s'est formée pour se servir, comme à la cafétéria, si ce n'est que l'assiette est faite de feuilles d'arbres et que le verre est un petit cône de terre cuite. On me sert du riz et des légumes cuits avec un peu de thé froid. Ici pas de couverts, on mange à l'indienne, avec les doigts. Je n'aime pas ça. Je m'en mets partout car je n'ai pas la bonne méthode et cela me gène. Je mange rapidement et retourne vers l'office pour pouvoir trouver une solution. Cela prend plus de deux heures mais finalement on me retrouve sur les registres. Mon nom avait été mal orthographié. Bref, on me donne une chambre et on m'indique que je logerai à l'extérieur de l'ashram dans des bâtiments qui se trouvent à quinze minutes de marche d'ici mais que je n'ai pas le droit d'y aller seul. On m'explique que les routes ne sont pas sûres et qu'il ne faut jamais s'y promener seul. En effet, le Bihâr est la région la plus pauvre de l'Inde et donc la moins sûre pour les touristes. Bien que le peuple indien soit un peuple pacifiste, il y a toujours des brebis galeuses, et quand c'est la survie des siens qui est en jeu, certains se retrouvent obligés de commettre des crimes. Pouvons-nous les en blâmer ?

VII.2

L'ashram avait été construit ici car Swami Satyananda eut la vision que c'était là le lieu propice. Il envoya Swami Satsangi visiter la région qu'il avait vue dans son rêve et elle trouva le lieu décrit par Swami-ji. Swami Satyananda décida de quitter son lieu de résidence avec un simple baluchon pour venir à Rikhia démarrer une Sadhana, la pratique des cinq feux. Swami-ji était alors connu et reconnu pour sa sagesse, pour son expertise du yoga, pour sa transmission juste. Il avait acquis ce que beaucoup d'hommes rêveraient d'avoir, mais ce n'était pas un simple homme, c'était un gourou, un être élevé spirituellement et tout cela n'avait que peu d'importance à ses yeux. Il transmit ses obligations à Swami Niranjan qui devait être son successeur et partit tel le sannyasin qu'il était, un renonçant, qui, après avoir effectué la mission que lui avait donnée son maître Swami Sivananda, pouvait retourner à sa pratique personnelle et continuer d'expérimenter les différents niveaux d'éveil. Il partit sans rien et seul malgré les protestations de tous, voyagea dans la troisième classe indienne, soit celle des castes les plus basses, et arriva à Rikhia pour y construire une petite hutte qui le protégerait quelque peu du soleil ravageur en été et des pluies de la mousson. Ses disciples le visitaient souvent et Swami Satsangi, qui était en charge du développement de l'ashram de Rikhia, suivit son maître de près. Cette Sadhana dura cinq ans et tout au long de cette pratique l'ashram de Rikhia sortit de terre et commença à réunir des pratiquants de tous pays. Ce lieu de vie yoguique avait pour but le Karma yoga, le yoga de l'action désintéressée. Toute personne qui rejoignait l'ashram devait se plier à la discipline énoncée et participer corps et âme aux activités demandées. Aucune contribution financière n'est demandée mais vous vous mettez totalement à la disposition des résidents à l'année et vous vous laissez guider pour aider aux travaux de l'ashram. Et cela dans un esprit de détachement complet, d'ouverture et de don de soi. Mes débuts, rapides car je fus très vite recruté pour le karma-yoga, furent difficiles. Je suis quelqu'un d'indépendant et à qui on ne donne pas facilement des ordres, tout du moins si je ne l'ai pas décidé et si je n'éprouve pas de respect pour le donneur d'ordre. Alors là, me mettre au service d'étrangers n'était pas simple. Comme je suis seul et que je n'appartiens à aucun groupe, on me donne une tache adaptée.

Je dois surveiller un électricien indien qui ne parle pas un mot d'anglais et qui a pour mission de vérifier que les néons, installés dans l'ashram pour l'événement à venir, fonctionnent bien et faire en sorte de réparer ou remplacer en cas de panne. Ma tâche est répartie de quatorze heures à vingt et une heures.

– Alors ça, c'est une mission ! Et je dois faire ça pendant six jours, deux de préparation et quatre de symposium.

Une vague de doutes me submerge.

– Qu'est-ce que je fais ici ? À quoi ça sert tout ça ?

Les mêmes questions trottent dans ma tête. Je me suis engagé à rester là un mois, mais pourquoi ? Je n'avais pas les réponses à tout cela, mais il fallait que je m'y fasse, il n'y avait pas d'autres possibilités.

On me conduit à ma chambre pour y déposer mes affaires ce qui me redonne un peu de sourire que j'avais perdu. Chambre spartiate. Deux lits, une fenêtre. Rien d'autre. Un des lits est occupé et l'on me dit que c'est un argentin très sympa qui est là depuis une semaine. J'occupe donc l'autre. Je vais prendre une douche.

– Wouatcha !! L'eau est glacée, j'avais oublié.

Ce qui devait être un moment de détente devient un supplice et même si la température extérieure doit être de dix-huit à vingt degrés, l'eau froide, c'est dur ! Je retourne vers l'ashram à pied. De jour, on peut sans risque. Il y a quelques ruines ou plutôt de vieilles maisons à l'abandon, un petit commerce vend des biens de première nécessité ; savon, pinces à linge, zambu baulm (qui sert à tout soigner là-bas) et autres. Tout est calme et les seuls bruits au loin sont les rickshaws dans leurs ballets incessants. Je retrouve mon électricien indien mais pour le moment rien à faire car il n'y a pas d'électricité. Les coupures de courant sont régulières en Inde et il faut s'y adapter, une petite lampe de poche est toujours un outil précieux. Et puis il est l'heure de manger, je vais profiter de mon premier dîner. Le lieu de repas est aussi un lieu de rencontre. Je parle avec plusieurs personnes et sympathise très rapidement, c'est agréable. Fin du repas, mes nouveaux amis me proposent de me raccompagner jusqu'aux chambres, ce que j'accepte, car l'on nous empêche à la grille de partir seuls. Puis contre ordre, nous sommes réquisitionnés pour couper des légumes pour le lendemain !

– Ok pourquoi pas.

Puis mon électricien refait surface accompagné du Swami qui m'avait mis en relation avec lui. Il m'engueule car je ne devais pas laisser mon indien seul, et rester avec lui jusqu'à la fin du repas ! Je comprends alors que ma mission sera contraignante et je peste quelque peu.

Rapidement, ayant un poste peu banal et devant me promener partout dans l'ashram alors que les autres résidents sont cantonnés à certains endroits, on met un visage sur mon nom et je suis reconnu par tous. Comme je finis plus tard que les autres et que tout le monde est rentré, on demande à un indien résident de m'accompagner jusqu'à ma chambre pour ne pas me laisser seul. Le retour est sympa, on discute et cet échange est enrichissant. La journée a été longue, je suis fatigué. En rentrant je rencontre mon colocataire, nous nous saluons promptement puis au lit, demain réveil cinq heures pour le Karma yoga…

– Aaaah la vie d'Ashram.

Swami Satyananda l'a bien expliqué lors de l'un de ces satsangs. La vie en Ashram est une vie dure. On se sort de son confort quotidien et l'on se met à l'épreuve. Cela nous aide à nous connaître mieux, nous confronte à des situations que l'on n'aurait jamais vécues autrement et nous aide à nous libérer de nos habitudes, de nos modes de fonctionnement standardisés par la société de consommation. Ce matin, après le petit-déjeuner, j'ai croisé Swami Niranjan. Le nouveau gourou est là et même si je ne ressens rien de particulier par sa présence je suis heureux d'avoir pu le voir dès mon premier jour.

Les jours s'enchaînent et j'apprends chaque jour un peu plus sur moi. Toutes les épreuves auxquelles je suis confronté m'aident à me libérer de certains boulets que je traîne depuis toujours. C'est dur, je suis souvent en colère, en réaction à ce que j'interprète comme du harcèlement. À ces constantes sollicitations pour le karma-yoga, à cette vibration qui émane des chants rituels qui résonnent en permanence et ne s'arrêtent jamais et qui entrent en vibration avec votre être profond.

Il y énormément de monde pour le programme proposé, une agitation permanente. Moi qui aime être seul, je n'ai aucun moment de solitude, moi qui aime la tranquillité, le seul moment de calme est au moment du coucher. Cette épreuve, car la vie en ashram est une épreuve, vous bouleverse, vous retourne et vous libère des carcans de votre ego. C'est dur oui, c'est vrai, et c'est pour cela qu'il faut avoir une grande volonté de changer, d'évoluer, de vouloir connaître vraiment qui l'on est.

Le yoga, c'est vouloir apprendre à se connaître vraiment !

L'ashram est un lieu parfait pour ça.

Les tâches que l'on me confie en dehors de ma présence avec l'électricien sont souvent simples, très simples. Dans le dortoir, où se trouve ma chambre, j'ai la mission, tous les matins, de laver les portes des chambres de mon étage avec une éponge humide ??! Quoi de plus stupide ? Mais l'on ne demande pas de juger, on demande d'accepter ce qui est et de faire de son mieux. Une autre mission qui me prit beaucoup de temps après le programme, plier des couvertures en quatre. Toute la journée, le même geste. C'est dans ces moments que l'on peut apprendre à être réellement présent à ce que l'on fait. Dans un geste aussi simple et répétitif on peut apprendre à être là, juste là. Notre mental se nettoie, nos perturbations se mettent en lumière pour mieux disparaître, nos comportements évoluent, notre conscience prend plus de place. Et quand nous comprenons ensuite pourquoi nous faisons ça, un grand bonheur nous envahit. L'ashram s'occupe de soixante-dix petits villages aux alentours. Il subvient aux besoins de première nécessité pour ces gens qui vivent dans la misère. Il collecte de l'argent et des habits, qu'ils conditionnent et distribuent lors d'une cérémonie accompagnée de chants presque tous les jours. Les gens des villages viennent par groupe. Nous les accueillons et les installons dans la cour principale. Auparavant, nous avons préparé tous les lots que nous devons leur donner puis, au son de l'harmonium et des tablas nous chantons pendant la distribution de ce que l'on appelle des Prasads (dons bénis par le gourou). C'est un moment émouvant. Voir toutes ces personnes dans le besoin nous distribuer des sourires et chanter avec nous remplit le cœur de bonheur. On se sent utile. Et même si nos journées semblent dures, que sont-elles à côté du quotidien de ces gens ?

VII.3

J'avais décidé, avant de partir en Inde de demander une nouvelle initiation, celle de Jignasu Sannyas. Les trois premières que j'avais reçues, installent notre être en relation avec le gourou et nous donnent des outils de réalisation, tandis que celle-là marque notre entrée dans l'ordre des Sannyasins. C'est Swami Niranjan qui a décidé de mettre cette étape intermédiaire. Avant lui, nous prenions directement le Karma-sannyasa, voire le Purna-Sannyasa.

Jignasu veut dire chercheur spirituel et la couleur associée est le jaune. Cette initiation nous accueille dans cette lignée nous demandant de continuer notre démarche de recherche. Le monde spirituel est truffé de pièges, d'obstacles et nous devons être vigilants pour ne pas nous laisser emporter par l'un d'eux. Nous nous engageons, en prenant cette initiation, à continuer assidûment nos pratiques, à approfondir notre étude, Svadhyaya, étude de soi et étude des textes sacrés.

Je rappelle que demander une initiation n'est pas anodin. Chacune d'elles donne un coup d'accélérateur à notre démarche, il se passe toujours beaucoup de choses dans nos vies. Il faut accepter le changement, l'accueillir comme un cadeau et construire dessus. J'avais ressenti, quelques semaines après ma première cérémonie en Bretagne, un bouleversement profond. Une vision des choses qui s'éclairait d'un ton nouveau. J'étais plus serein bien que bouleversé par cette nouvelle compréhension. J'eus l'impression qu'un voile avait été ôté devant mes yeux, mettant à jour un monde nouveau. Je m'attendais à ce que cela soit plus ou moins pareil, voire plus important encore. C'était en Inde, dans l'ashram et le vingt-quatre décembre ! Autour de cette date, il y avait une certaine effervescence. La soirée devait être animée par les résidents actuels et il avait été décidé que les représentants de chaque pays devaient préparer une animation typique et traditionnelle. Étant le seul Français on ne me demanda rien et je pus me consacrer à me mettre en condition pour recevoir mon initiation. Au cœur de l'ashram, il y avait une petite maisonnette dédiée à Jésus Christ. Nous savons que

Jésus passa une partie de sa vie en Inde et beaucoup s'accordent à dire qu'il était un yogi. C'est pour cela que ce jour est aussi célébré à l'ashram. La soirée commence avec, comme toujours, quelques chants. Ceux qui reçoivent l'initiation avec moi sont installés assis en ligne et par couleurs.

Je prends place et réalise que ma demande a été acceptée. Le gourou est seul décideur. Vous faites votre demande et il l'accepte ou pas, c'est le jeu. Le gourou, en connexion avec vous, sait si vous êtes prêt ou pas. Il sait. À partir de là pas d'ego, pas de jugement, l'acceptation de sa décision. Et même si je pense que jusqu'au Purna Sannyas, l'acceptation va de soi car c'est plus un engagement du disciple envers lui-même et envers le maître, il y a toujours un moment de doute et un soulagement ensuite. Swami Niranjan et Swami Satsangi arrivent sous les chants et s'installent sur les chaises en face de l'estrade montée pour l'occasion. Le spectacle commence et les pays s'enchaînent en montrant une ingéniosité stupéfiante pour représenter leurs spécialités. Les Néo-Zélandais proposent un show flambant. Ils jouent avec des chaînes qui à leurs extrémités comportent une balle enflammée et les font tourner en cercle de feu impressionnant. Chacun montre un joli spectacle.

Puis arrive le moment des initiations. C'est Swami Satsangi qui officie ce soir. Elle vient vers nous. Nous avons devant nous un livret qui comporte les instructions que nous devrons suivre après notre initiation et un mala. Elle passe dans les rangs, prend le mala et le porte à son front en signe de bénédiction, puis nous le passe autour du cou. Voilà c'est fait. Le spectacle reprend. Je reste un peu décontenancé. Je m'attendais à quelque chose de plus cérémonial. Ce fut vite fait bien fait, comme pour signifier que ce n'est pas ce moment le plus important mais plutôt tout ce qui va suivre. Et en effet, le maître vous accepte, il accepte votre progression sur le chemin du yoga mais ce ne sera pas sans peine. La discipline devient plus rigoureuse, les devoirs plus importants et c'est grâce à ça que la route continue, rien d'autre. C'est bien gentil de porter maintenant la couleur jaune, d'être un Jignasu, de faire partie de l'ordre des Sannyasins, mais il faut en être digne. Il faut souvent se rappeler que dans cette lignée, comme dans la plupart, de nombreux êtres d'exception ont vécu. Mais ils n'étaient pas mieux que chacun de nous, ils ont travaillé dur, pratiqué assidûment, sans répit et sans relâche avec un profond désir de libération, avec un vrai amour pour le divin. Nous devons maintenant nous mettre à l'ouvrage. Respecter nous aussi ce que nos aïeux ont construit et nous forger une discipline rigoureuse pour nous élever vers la lumière.

C'est ça le but de l'initiation : renforcer notre amour du divin, renforcer notre volonté de libération. Je comprenais de mieux en mieux tout ça et je trouvais que cette initiation me convenait parfaitement. J'étais vraiment un chercheur spirituel, j'étais réellement sincère dans cette quête.

Le lendemain commençait le cours où je m'étais inscrit et cela durerait dix jours. Initiation au Kriya Yoga et à Tattwa Suddhi. Le Kriya est une technique et pour certains, un yoga complet où nous apprenons à centrer notre mental pour nous aider à nous en libérer et laisser ainsi l'énergie primordiale, la kundalini, reprendre toute la place. Swami Satyananda fut initié et codifia une pratique simplifiée et accessible. Une série de vingt pratiques qu'il faut appréhender l'une après l'autre de semaine en semaine. Et pour pouvoir pratiquer cette technique avancée, il faut suivre cette initiation.

Il y a deux ans, j'avais déjà pratiqué cette sadhana ne sachant pas qu'il fallait être initié auparavant. Cette période de ma vie avait été vécue intensément. Je continuais mon travail habituel et incorporais la pratique à mon emploi du temps. Ce fut difficile. Chaque semaine, je mettais mon réveil plus tôt pour installer une pratique de plus ce qui prenait de plus en plus de temps et sollicitait une volonté tenace. Mais j'avais ça. Mon quotidien était vécu différemment. Je sentais que cette pratique agissait en profondeur en moi mais je l'effectuais avec une certaine retenue. Une peur qui m'empêchait de me livrer totalement. Une protection involontaire mais certainement salutaire. J'allais pouvoir reprendre cette pratique après cette initiation avec la bénédiction de mon maître et son aide, sa présence.

Ce stage à l'ashram sera l'occasion pour moi de vérifier la justesse de ma pratique et d'actualiser mes connaissances.

Dans le même cours, nous allions être initiés à Tattwa suddhi, le nettoyage des éléments. Pratique tantrique faite pour épurer le corps à partir de nos constituants premiers, terre, eau, feu, air, éther. Le tantra emploi beaucoup de symboles et le Samkhya détaille la constitution de chacun et du monde qui nous entoure. J'avais suivi un stage sur cette pratique qui m'avait intéressé mais pas au point de l'installer dans mon quotidien.

J'espérais pouvoir mieux comprendre et mieux appréhender cette pratique. Et ce fut le cas. Swami Yogachanti était la femme qui nous enseignait sous la direction directe de Swami Satsangi.

Swami-ji avait écrit un ouvrage sur la pratique de Tattwa suddhi que j'avais dévoré avant mon voyage et cela avait ravivé en moi l'envie de faire cette sadhana. Le stage fut fabuleux, plein d'une belle énergie d'amour transmise par cette femme lumineuse. Nous étions plus d'une centaine à suivre cette initiation. Les journées étaient rythmées par trois cours, matin, midi et fin d'après-midi et le karma yoga. L'ambiance était chaleureuse, nous travaillions ensemble, dans un but commun, et il se dégageait quelque chose de particulier difficile à décrire. Le soir du premier jour, nous eûmes la chance d'avoir un satsang avec Swami Satsangi. Le Satsang est traditionnel en Inde. C'est un moment où l'on s'assoit aux pieds du maître et où on l'écoute donner un enseignement. Il répond à nos questions, à nos doutes et nous éclaire de sa lumière intérieure. On nous installe sous quelques arbres, des chaises sont là pour notre confort (car en règle générale nous sommes assis par terre), il fait bon. De nombreux enfants se joignent à nous tout autour de Swami-ji qui prend place sur une banquette haute. Il se dégage beaucoup d'amour d'elle, c'est palpable. C'est un moment privilégié que je vis là. Être assis auprès du maître et recevoir son enseignement en direct est émouvant et j'ai les larmes aux yeux.

Le lendemain, mon réveil est difficile. Je suis de mauvais poil et ça ne m'arrive pas souvent. Je ne comprends pas très bien pourquoi et je me surprends à compter les jours qui me séparent de mon retour. Une nouvelle vague d'angoisse me prend. Les mêmes doutes, les mêmes questions.

– À quoi bon tout ça ? De toute façon, l'éveil est trop loin et si l'on doit attendre une autre vie pour ça, je ne sais pas si j'en ai vraiment envie ? Et d'abord, est-ce que je crois vraiment en la réincarnation ?

Et pour couronner le tout, j'ai envie d'une bonne bouteille de pinard, d'un bon repas avec un rôti bien saignant, d'une bouteille de champagne accompagnée d'un bon cigare. Je suis agité, mentalement agité. Les gens autour de moi m'insupportent. Je fais un yoga nidra et je prends comme Sankalpa (qui est une ferme résolution que l'on prend pendant la pratique de cette technique) : « Je me détends ».

Car je crois que mon problème vient de là. Je ne suis pas détendu. Pendant les chants, j'ai mal à la gorge, signe que je force et que je ne chante pas avec le cœur. Je n'arrive pas à lâcher prise ! Je suis pourtant dans le meilleur environnement pour ça mais je n'y arrive pas ! Je suis en colère contre moi et c'est dur à vivre. Le soir on nous passe une vidéo d'un satsang de Satyananda, ça me fait du bien. Quelque chose se débloque en moi, je me libère, je me relâche… je me détends.

Ça y est, j'ai passé un cap, je le sens dès le réveil du lendemain. Il m'aura fallu plus de quinze jours pour y arriver ! Tout autour de moi prend un jour nouveau. Mon attitude a changé. Ma vision a changé. Je suis quelqu'un d'autre ou plutôt je me rapproche de mon Être profond, de ma source. Je ressens une sérénité nouvelle, une paix, une ouverture. Waouh ! Étrange sensation, grisante, envoûtante. Je croise Swami-ji dans les allées de l'ashram, nos regards se rencontrent… elle m'offre un large sourire et je lui réponds de même. Moment magique, moment de silence et de dialogue sur un plan céleste. Merci.

Dernier jour de notre stage. Je suis totalement emballé par la pratique de Tattwa Suddhi que je veux mettre en place au plus tôt. Après avoir appris qu'une pratique intensive existait, je demande à Swami Yogachanti si je peux la faire immédiatement après le cours car je reste encore quelques jours. Elle demandera à Swami-ji si c'est conseillé et me répond.

– Swami Satsangi conseille de ne pas faire la pratique ici et maintenant. Ce n'est ni le lieu ni le moment pour ça. En rentrant chez toi, tu installeras ta sadhana. Un élément par mois puis le mois suivant tous les éléments et tu finiras par la pratique intense en jeûnant cinq jours dans un lieu propice et en isolement complet, me dit-elle.

C'était les conseils de Swami-ji que j'enregistrai précieusement et que je mettrais en œuvre en rentrant. Le stage se termine le premier de l'an nouveau. Je suis heureux d'avoir complété cette initiation et de m'être enrichi au contact de ces personnes. Pas de cérémonie particulière aujourd'hui car ils suivent le calendrier lunaire pour toutes les manifestations proposées.

L'ashram se vide dès le lendemain. Le départ est rythmé par les entretiens avec Swami Satsangi. Elle réserve les derniers jours de présence des résidents pour accorder une entrevue si besoin. Et beaucoup la demandent ! On me demande si je veux la voir et, bien sûr, j'accepte. Je me sens excité par cette opportunité. Puis un peu plus tard, on revient me voir pour me demander ma date de départ et comme je reste encore quelques jours on me dit que je ne pourrais pas voir le gourou car il y a trop de monde qui part aujourd'hui et que j'aurais l'occasion plus tard. La déception laisse place à l'excitation et un peu d'angoisse.

– Vais-je vraiment réussir à la voir avant de partir ?

La journée du premier de l'an est chargée. Beaucoup s'en vont et nous sommes donc peu pour la charge de travail de l'ashram. Nous restons à cinq résidents occasionnels et je suis le seul homme, ce qui augure un gros travail pour moi. Je suis utilisé pour tous les travaux de force et c'est dur. L'après-midi, je vois arriver une dizaine de petites indiennes toutes habillées à l'identique. Tunique rouge ocre, coiffées d'un châle bleu et enroulées dans un tablier de la même couleur. Elles viennent nous prêter main-forte. Nous avions en charge de monter au troisième étage d'un bâtiment servant à confectionner les Prasads, toute la marchandise qui venait d'être livrée.

Les Prasads sont des dons « bénis » par le gourou ou par une cérémonie qui rend cette offrande céleste. Et il est de tradition de donner avec le cœur, avec respect, c'est ce qui caractérise cet acte.

Il y avait de gros ballots de couvertures que nous avions tout le mal du monde à faire passer dans les escaliers pour les monter. Ces petites mains prirent en charge ce travail. À quatre et avec une technique bien à elles, les ballots montèrent avec une aisance impressionnante. De l'extérieur, on aurait eu du mal à croire qu'elles pourraient faire cette tâche difficile, mais en Inde les femmes travaillent dur, souvent plus dur que les hommes. Elles ont l'habitude dès leur plus jeune âge d'être soumises à des charges de travail impressionnantes. Elles sont d'ailleurs souvent utilisées, telles des esclaves, aux tâches les plus ingrates. La condition de la femme en Inde est dure, l'homme est roi, la femme le sert. C'est souvent comme ça, en tout cas dans les campagnes.

Après avoir monté toute la matière première, nous passons notre journée à confectionner les lots que nous distribuerons le lendemain. Nous sommes peu et on nous demande un rythme important. On nous presse car demain cinq cents lots doivent être distribués et nous ne pouvons pas être en retard. Certains villageois viennent de loin, et souvent à pied, et il serait inadmissible qu'ils repartent sans rien ! C'est la première fois de ma vie que je mets mon travail au service des autres, c'est la première fois que je participe à une œuvre humanitaire et j'en suis heureux, étonné même. Je pense à ma compagne, Anne-Claire, qui elle, avait l'habitude de partir en mission humanitaire avec « Action contre la faim », dans des pays en guerre tel le Soudan ou Haïti, et qui sait ce que c'est que le don de soi. Je l'admirais pour ça.

Le yoga m'avait amené à ça. Comprendre que le partage est une des valeurs essentielles. Comprendre que le don doit être une composante incontournable de la pratique yoguique. L'union des êtres et l'entraide.

Le soir, on nous diffuse une vidéo d'un satsang de Swami Satyananda qui parle de la vie en ashram. Il explique que le fait de nous confronter à une vie plus dure ici nous aidera dans nos quotidiens à nous détendre mieux, état essentiel pour accéder à la méditation. Intéressant. Pour accéder à cet état méditatif il faut se détendre, se détendre réellement, s'abandonner. Et le fait de s'astreindre à une discipline, à des règles nous aide à nous abandonner lorsque nous sortons de ces cadres que nous nous imposons. Il explique aussi que le karma yoga aide à nous purifier, à nous libérer de nos vieux schémas de pensée et de fonctionnement. Je comprends alors que les outils du yoga nous apprennent à focaliser notre attention sur un but, un objectif juste, mais qu'ensuite il faut se libérer de ces règles et de ces outils pour atteindre un état de conscience plus subtil. Cet état d'ouverture total est l'esprit du Bhakti Yoga. L'abandon de soi au divin, le retour à l'unité originelle.

Je rentre me coucher avec ces belles pensées en moi.

Je me réveille en pleine nuit en larmes. Des larmes de compassion. Je viens de faire un rêve dans lequel deux petites indiennes d'environ douze et cinq ans, seules et livrées à elles-mêmes, tentent de survivre dans ce monde difficile.

Elles ont toutes les peines du monde à y arriver et dans mon rêve, après avoir tant lutté, elles abandonnent, se posent dans un coin, l'une dans les bras de l'autre acceptant que la mort vienne les emporter.

Les jours se suivent et ne se ressemblent pas. Certains, je me sens empli d'une énergie inépuisable et je me donne à fond dans le karma yoga, d'autres, je suis ronchon et en réaction à tout ce que je vis. J'ai beaucoup de mal avec les règles et l'autorité dont font preuve les responsables de l'ashram, je dois même demander l'autorisation pour aller acheter du papier toilettes à l'échoppe du coin. Ça m'énerve! Je m'aperçois que mon ego est très présent. Je prends conscience que je suis très centré sur moi et que ce n'est pas juste. Je dois cultiver et laisser grandir en moi l'altruisme et la compassion et je prends la résolution d'y faire très attention à mon retour en France.

Demain, c'est mon dernier jour à l'ashram et je m'inquiète de ne pas avoir vu Swami-ji. Je demande à une de ses proches disciples s'ils ne m'ont pas oublié et si je la verrais vraiment demain. Elle me rassure en me disant : « yes yes tomorrow »

Dernier jour. Le moment de l'entretien arrive. Je suis assez excité mais détendu. On m'explique que je dois m'avancer et ne pas rester trop longtemps. J'acquiesce et je m'approche de Swami-ji assise sur son grand fauteuil. Arrivé à ses pieds, je m'incline et me prosterne comme je l'ai vu faire par les indiens et elle me fait un signe de la main signifiant que ce n'est pas nécessaire et que je peux me relever. Elle m'offre un siège où je m'installe. La discussion est cordiale, simple et agréable. Elle me pose des questions sur mon séjour et je lui pose les questions que j'avais préparées. Elle m'encourage à enseigner et me dit que c'est là mon chemin. Je suis heureux de cet échange. Je termine en la saluant et m'éloigne. Moment simple, plein de joie et d'amour.

Je suis libre cet après-midi de faire ce que je veux, alors j'en profite pour ranger mes affaires, prendre une douche avec de l'eau tiède car le soleil brille et les canalisations ont chauffé au soleil. Demain matin mon départ est prévu à six heures trente avec un rickshaw que l'on m'a réservé. Ces derniers instants sont particuliers.

J'ai envie de rentrer chez moi car un mois ici fut long et difficile mais en même temps être si proche du gourou, se nourrir de son énergie, profiter de son enseignement est sans pareil. Je flâne toute la fin d'après-midi jusqu'au coucher et une paix intérieure m'envahit. Je suis bien, calme et serein. Je me suis empli d'une force nouvelle. J'ai changé, profondément. Ce changement je le sens dans mon cœur, dans mon âme, une vision des choses plus douce, plus authentique, une respiration légère, pas de tension. Je m'apprête à rentrer et retrouver ma vie occidentale avec confiance.

Chapitre VIII
Retour et ouverture

Le retour fut mouvementé. Le train censé être à sept heures trente arriva vers quatorze heures et l'arrivée à Calcutta vers vingt-deux heures trente. J'ai mis plus de temps pour faire Jasidih/Calcutta (qui se fait en quatre heures trente normalement) que Paris/Calcutta !! This is India !

Retour en France.

Mon retour fut plus facile que la première fois. Peut-être parce que je suis resté deux jours à Calcutta, qui est une grande ville, et cela m'a permis de me remettre au rythme des villes. Ou peut-être parce que la première fois marque toujours plus ! J'avais vécu une expérience qui m'avait fait comprendre que le yoga est bien au-delà des pratiques physiques, respiratoires ou autres. Le yoga était un état d'esprit, une culture, un mode de vie et c'est ce que j'allais approfondir. Il fallait maintenant que je vive en laissant ma conscience s'élargir. En goûtant chaque instant, chaque expérience, chaque événement comme un miracle de la vie s'offrant à moi et source d'enseignement. Il fallait que je change ma vision des choses, que je modifie ma façon d'appréhender le monde autour de moi. Grâce à ça, je pourrais mieux vivre, mieux comprendre, être plus heureux. Je savais qu'il fallait que je développe ma compassion, mon amour des autres, tous les autres. Je devais trouver un moyen d'y arriver. Le karma yoga pouvait être une des clefs, dédier ma vie aux autres et par cela me remplir d'une énergie de compassion qui lève toutes les barrières de la vie.

Ma vie reprit son cours. Mais avec cette conscience élargie, les rapports humains changèrent. J'étais plus ouvert, plus à l'écoute, une vraie écoute, pas superficielle comme j'avais l'habitude de faire, une écoute sincère. Les gens autour de moi virent ce changement et vinrent de plus en plus me parler, se confier. J'accueillais cela comme un cadeau qu'ils me faisaient car on ne se livre qu'à des personnes en lesquelles on a confiance. J'inspirais cette confiance. J'en étais fier mais j'essayais humblement de coller au mieux à leurs attentes ou en tout cas, ne pas laisser mon ego prendre une place non appropriée. Je travaillais à le dissoudre car je le savais capable d'une présence trop importante. Je m'installais dans un état d'esprit le plus vierge possible pour ne pas colorer les propos de mes confidents et respecter au mieux leurs messages.

C'est souvent ce que l'on fait. On croit avoir compris le message que l'on nous passe. Mais on se trompe. On a entendu un propos que nous avons immédiatement déformé par notre orientation personnelle. Notre éducation, notre formation, nos perturbations, nos peurs, ont instantanément modifié le message de base et nous l'avons encodé dans nos propres schémas et croyances. Être réellement présent lors de l'écoute nous aide à ne pas colorer et surtout à ne pas juger. Je m'obligeais à faire table rase de toutes mes vrittis (perturbations mentales) et mes samskaras (mémoires refoulées) en toutes situations, en tout cas, j'essayais. Chaque seconde qui passait devenait la source d'une pratique, d'une observation, d'un enseignement. J'installais la culture yoguique dans ma vie. Swami Niranjan avait parlé de ça dans un de ses satsang.

1er niveau : suivre un cours régulier

2ème niveau : faire une sadhana régulière

3ème niveau : la vie est rythmée par la pensée yoguique, on résout ses épreuves par la discipline du yoga

4ème niveau : notre vie tout entière est yoguique, on vit pour et par le yoga, on est yoga.

Dans le premier niveau, la plupart des pratiquants de yoga se retrouvent. Ils pratiquent leur cours hebdomadaire ou bi hebdomadaire et sont contents comme cela. Certains aimeraient approfondir mais le deuxième niveau devient plus difficile à mettre en œuvre. J'avais très vite enchaîné les étapes à l'époque de ma découverte du yoga. J'eus la chance d'avoir Philippe qui me guida vers cette dynamique très vite. Dans ma première année j'avais installé une pratique quotidienne et m'y tenais. J'avais su m'imposer une discipline qui allait prendre le pas sur une certaine paresse que nous avons tous quand il s'agit de s'obliger à faire une activité nouvelle. Quelle qu'elle soit ; s'astreindre à répéter une routine, que ce soit pour apprendre à jouer d'un instrument de musique, à changer une habitude de travail, ou modifier un comportement alimentaire etc. Swami Niranjan précise que seulement cinq pour cent des pratiquants franchissent le pas.

Et puis, lorsque la pratique est régulière, lorsque la discipline de vie change, lorsque les effets du yoga se font sentir, nous installons un mode de vie yoguique. C'est à partir de là que tout le Yoga prend son relief. Nous nous servons des enseignements reçus et surtout des changements ayant pris place en nous pour gérer nos vies de façon harmonieuse. Nos relations au monde changent. Nos épreuves de vie sont réglées grâce et par les principes du yoga. Nous sommes plus en accord avec ce que nous sommes et nous rayonnons de cette paix intérieure nouvelle.

J'étais en train d'installer cela dans mon quotidien. Ou plutôt, cela s'installait naturellement. Ce que j'avais vécu à l'ashram m'avait fait comprendre et expérimenter ce que c'était que de vivre l'esprit du yoga dans chaque instant. Ma vie était devenue plus simple et les efforts que j'avais faits toutes ces années payaient. J'étais imprégné de tous ces textes anciens, de tous ces sages qui m'avaient inspiré, j'étais plus présent et plus éveillé au monde tel qu'il est vraiment. J'étais surtout plus humble et plus ouvert. Mon ego avait perdu de sa force et avait laissé la place à plus de douceur, de sérénité.

Quelques mois passèrent et chaque jour je m'employais à continuer sur mon chemin. C'était plus facile maintenant. J'étais apaisé et donc tout coulait sans heurt. J'appris que Swami Satsangi donnait un symposium en Slovénie. Ce n'était pas très loin de chez moi, six heures de route, et Swami Dharmapryiananda m'encouragea à y aller.

– Nous allons constituer un petit groupe et y aller ensemble, me dit-elle.

– Ok, répondis-je.

Vous vous souvenez… mon intuition légendaire!

C'était un joli mois de mai ensoleillé et chaud. L'événement prenait place dans un cadre magnifique. Un hôtel en bord de mer avec un grand parc vert et paisible qui nous accueillait. J'avais décidé de prendre ma prochaine initiation, Karma-sannyas. Avant de partir en Inde nous avions eu une discussion avec Dharma car je ressentais que j'étais prêt à demander le Karma-sannyas déjà à cette époque. Elle acquiesça mais m'encouragea à prendre mon temps. Oui, j'étais prêt, mais pourquoi vouloir accélérer les choses? Pourquoi vouloir brûler des étapes? Était-ce vraiment juste ou une manifestation de mon ego? Ne sachant pas vraiment répondre à tout ça, ou tout du moins n'en étant pas très sûr, je préférai prendre mon temps.

Mais maintenant, j'étais vraiment prêt. Prêt à m'investir plus encore, prêt à endosser l'habit Geru, prêt à représenter ma lignée avec honneur et dignité. Mais ce qui motivait le plus ma demande, était que j'étais prêt à donner. Donner de mon temps, de mon argent s'il le fallait pour aider les plus démunis. J'avais ce réel besoin de me mettre au service des autres. Et l'initiation au Karma Sannyas est tournée vers cela. Continuer de vivre nos vies mais diriger notre attention vers les autres. Travailler, mais ne pas porter attention aux fruits de l'action.

Nous étions très bien installés et les enseignements commencèrent. Comme à chaque fois, Swami-ji arrivait accompagné de chants rituels et de joie. L'objectif de ce séminaire était de poser les bases du yoga. Il avait été constaté que beaucoup de pratiquants, attirés par les techniques avancées codifiées par Swami Satyananda et Swami Sivananda avant lui, avaient perdu l'essence de la pratique et l'esprit du yoga. Alors les Acharyas (enseignants de haut niveau reconnus par le gourou) présents, avaient pour mission de ramener tout le monde sur le droit chemin, c'était en tout cas ce que je percevais.

Le jour des initiations arriva et nous eûmes le grand privilège d'avoir, avant la cérémonie, un discours de Swami Sivamurti. Elle était une des personnes les plus proches de Swami Satsangi mais surtout, une des plus anciennes à avoir reçu l'enseignement de Swami Satyananda. Grande femme androgyne, elle m'avait toujours impressionné. Les quelques fois où je l'avais croisée, en Bretagne ou en Inde, elle m'avait interpellé. Aujourd'hui, Swami-ji lui avait demandé de nous réexpliquer la signification des initiations.

Sa voix était cristalline. Son discours posé et plein. Son enseignement limpide prenait une résonance impressionnante en moi. Je n'étais pas le seul à ressentir cela. Trente minutes plus tard, nous sortîmes de la tente prévue pour les conférences et pratiques, dans un état second. Elle nous avait envoûtés. Touchés au plus profond de notre être, nous avions du mal à parler. Certains avaient des larmes dans les yeux, moi y compris. Et quand Dharma, qui n'avait pas assisté à ce discours, me demanda ce qui se passait, j'eus toutes les peines du monde à lui expliquer. Moment magique, inexplicable.

Mon initiation du lendemain ne pouvait pas mieux commencer. Ce pas que je décidais de franchir était très important pour moi. J'avais compris la mission du Karma sannyasin. Vivre dans ce monde et continuer ses activités mais changer son attitude vis-à-vis de ces activités et surtout du résultat de l'action. Changer sa façon de voir le quotidien, comprendre que tout est juste, que chaque seconde qui passe est comme cela car cela doit être. Accepter que tout événement soit source d'enseignement. Voir le divin en tout. Tout est divin et en partant de là, la vie se remplit, le cœur s'ouvre, la dualité s'efface. Nous nous reconnaissons en tout. Nous savons que chaque être, chaque chose, contient au moins une particule de ce que nous sommes. Nous comprenons que la source de tout est unique et que donc nous sommes tous issus d'une même goutte d'énergie. Et que cette goutte d'énergie est la source de toutes les potentialités. Donc, en chaque être se trouvent les graines de l'éveil, les graines du bonheur, les germes de la claire vision. Être Karma sannyasin c'est reconnaître tout ça dans sa vie, dans son quotidien, dans sa routine. Et c'est partager son bonheur avec les autres, c'est se donner aux autres, tous les autres. C'est partager son existence, tant matérielle que spirituelle. Je ressentais tout ça en moi et j'avais hâte que ce soit reconnu par mon gourou.

Comme à chaque initiation, on nous aligna par couleur, assis avec notre livret devant les genoux, prêts à recevoir ce cadeau du gourou. Swami-ji arriva. La cérémonie commença au son de l'harmonium et des percussions, puis les chants et l'énergie de joie qui emplit le chapiteau.

Je reçus la particule « ananda » à rajouter à mon nom. Cette particule signifiait béatitude. Ce qui voulait dire qu'il fallait que je recherche la vérité de mon être profond dans la dévotion et l'abandon. Satyatmananda, c'était mon nouveau nom. J'en étais fier et surtout heureux d'avoir eu l'honneur d'être initié de nouveau. Chaque initiation était comme un encouragement à développer les qualités inhérentes au titre. J'allais m'y employer et sur le champ. Le séminaire se termina et j'étais heureux de l'expérience vécue. J'avais mon nouveau dhoti geru et de nouvelles valeurs à véhiculer.

Chapitre IX
La concrétisation

Anne-Claire, ma compagne à cette période, m'avait soumis l'idée de créer une association pour récupérer les vieux tapis de yoga de mes élèves et les redistribuer aux SDF par l'intermédiaire de la Croix Rouge avec qui elle faisait des maraudes. Cela leur servirait à se protéger du contact avec le sol lors des dures nuits d'hiver. J'avais trouvé l'idée intéressante mais monter une association, uniquement pour ça, me semblait dommage. Je décidais alors de mettre en place un projet associatif qui aurait pour objectif premier la récupération de tapis mais aussi de couvertures et de sous-vêtements masculins. La Croix Rouge étant en partenariat avec les haltes de nuit, nous avions su que dans ces endroits, les bénéficiaires pouvaient se doucher mais n'avaient souvent pas de quoi se changer et remettaient leurs affaires sales. C'était là notre premier axe de travail.

J'étais un amoureux de la nature et j'avais envie de participer à sa préservation. Deuxième objectif: se rapprocher d'associations existantes et leur proposer des bras pour les aider à mener à bien leurs actions terrains. Le karma yoga était fait pour ça. Se mettre à disposition avec une attitude de don de soi sans attendre de retour.

Enfin le troisième axe de travail concernerait un de mes points forts, l'enseignement. Nous allions former des pratiquants de yoga pour qu'ils puissent intervenir dans des milieux défavorisés et transmettre les outils du yoga pour aider les personnes à vivre mieux leur quotidien. J'avais l'intention de chapeauter chaque intervention pour que tout se passe dans les meilleures conditions. L'association s'appellerait YES, Yoga Education Solidarité. L'objectif était d'agir sur trois niveaux :

1) les besoins primaires : permettre aux plus nécessiteux d'avoir le minimum pour survivre.

2) l'éducation par le yoga : transmettre les enseignements des maîtres de façon accessible et aux publics les plus défavorisés.

3) la préservation de la nature, de notre environnement de vie : pour transmettre aux générations futures un monde en bon état et pérenniser les ressources naturelles.

Création administrative, communication internet, annonce à mes adhérents. Très vite j'eus une dizaine de personnes qui avaient envie de s'investir. Organisation d'une réunion informative et les premières adhésions furent prises. Certains devenaient des membres actifs avec des responsabilités, d'autres membres actifs se mettaient à disposition pour tout projet, d'autres étaient force de proposition, et puis certains offraient des dons pour le fonctionnement de l'association. J'étais content de ce démarrage. La machine se mettait en route et c'était maintenant à moi de la faire vivre ! Longue vie à YES !!

C'était ça, l'esprit yoga, et je mettais enfin les principes de base en pratique, les Yama et Niyama. J'avais après toutes ces expérimentations, toutes ces ascèses, toute cette rigueur, tous ces voyages, compris, compris dans ma chair, dans mon cœur. À l'opposé de la compréhension intellectuelle, je vivais yoga totalement, immergé dans cette culture soutenu par l'énergie que cela produit. Je ressentais tout ce que j'avais lu toutes ces années, tout ce que j'avais imaginé. L'union s'installait. L'harmonie.

– Est-ce que ce n'était pas une forme de Samadhi, huitième et dernier stade du yoga de Patanjali ?

En tout cas, j'étais en accord avec moi-même, je ne cherchais plus, j'étais. Je suis.

Retrouver notre être profond, notre vraie nature sans masque et sans artifices. Être tel que l'on est et l'accepter. Partager. Aimer.

Le yoga nous apporte tous les outils pour arriver à ça. Mais ces outils doivent être utilisés régulièrement, systématiquement. Choisir les outils qui nous conviennent et s'en servir vraiment. À chaque seconde être présent, à chaque seconde se relier, à chaque seconde faire confiance.

Car tout est là. La réalisation, l'éveil, le nirvana ou quel que soit le terme employé, décrit cet état d'ouverture totale à ce qui est, d'abandon à ce qui est, de joie intense, de béatitude. L'amour, l'amour de soi, des autres, des êtres, des choses.

L'Amour avec un grand A.

Swami Sivananda : « servir, aimer, donner, être bon, faire le bien, méditer, se purifier, se réaliser »

Je vous aime.

À suivre…

Imprimé en France
ISBN 978-2-36252-416-5
Dépôt légal : 4e trimestre 2013